JN097493

しばはし聡子
一般社団法人りむすび代表
共同養育コンサルタント

離婚の新常識！

# 別れてもふたりで子育て

知っておきたい共同養育のコツ

笑がお書房

# はじめに

はじめまして。一般社団法人りむすび代表、共同養育コンサルタントのしばはし聡子です。このたびは、この本をお手に取ってくださりありがとうございます。

この本に関心を持たれたということは、離婚が頭をよぎっている、夫とは別れたいけれど子どものために結婚生活を続けているなど、夫婦仲に何らかの不満や不安がおありで、おつらいお気持ちを抱えながら日々過ごされているのではないでしょうか。

または、妻から子連れ離婚を切り出され、なんとか修復したい、または離婚後も子どもとの交流を続けていきたい、と思っている夫の立場の方もいらっしゃるかもしれませんね。

まず、最初に私の自己紹介をさせていただきます。私は息子が小学4年生の時に離婚し、現在高校1年生の息子と暮らすシングルマザーです。

私自身が法学部出身だったため弁護士の友人から勧められた凄腕弁護士を代理人につけて半年ほどかけて調停離婚をしました。調停で半年というのはかなり早い方ですね。あの時は離婚のノウハウなどなく弁護士に頼りきりでしたが、今思えば第三者の専門家が仲介に入れば調停などせずに話し合いで離婚できたような夫婦でした。私はただ「謝ってほしい。私の辛さをわかってほしい」という思いだけでした。

ただ、司法の場って金銭面の取り決めばかりで気持ちの仲介をしてくれないんですよね。期待していたものとは全然違う流れ作業のような無機質なものでした。あれよあれよというちにわだかまりが残ったまま離婚に至りました。私と息子は自宅に残り、夫が自宅を出る形での離婚でした。


相手を憎んだままの離婚でしたから、離婚して夫と縁を切りたいと思っていましたしやっと関わらなくて済むと思っていました。面会交流は月に1回~4回という取り決めをしましたが、離婚したい一心だったので、面会交流を通して離婚後も関わっていくことになることなど先々を想定する余裕はありませんでした。そして、誰からも「離婚しても親同士の関係が続く」と言われることもありませんでした。

離婚後は頼りにしていた弁護士もいなくなり元夫と直接やりとりすることになるわけですが、夫と関わりたくなかった私は子どもを会わせることに後ろ向きに。父子関係を途絶えさせようと故意に思っていたわけではないのですが、夫から届いたメールを無視して捨てたり、夫が自宅に息子を迎えに来ると露骨にいやそうな素振りを息子に見せつけたり、息子が帰ってくると面会交流の様子を全く聞きもせず不機嫌な雰囲気になったり、そんな日々を過ごしていました。

そんなことをしている間に息子の気持ちはどんどん不安定になっていき、夜中ベッドでシクシク泣いたかと思えば私と顔を合わせると笑顔を装うなど、明らかに私の顔色を伺いながら言葉を選び空気を読むようになっていきました。それでも、私は「息子に父親の悪口は言っていない、子どもから父親に会いたいと自発的に言わないから子どもの意思を尊重している。会いたいという夫の意思よりも息子の意思を優先しているから私は間違えていない」と思っていました。いや、今思えば、そう思い込みたかったのでしょう。

一年ほど経った頃、自身の離婚経験を無駄にしたくないという思いから、夫婦問題を扱うカウンセラーの資格を半年ほどかけて取得しました。その後ご相談を受けるなかで面会交流の相談があると確固たるアドバイスができないことに気づかされました。なぜなら自分自身が面会交流の正解を見い出すことができておらず乗り越えていなかったからです。

離婚後の親子関係はどうあるべきなのかを学びたいという思いから、子どもに会えない親御さんが集まる団体や面会交流支援団体へ足を運びました。そこで、父子関係が良好なのに会うことを制限されている親子や、まったく子どもと会えていない親がいるという惨状を知りました。そして、私は会わせてはいるけれど、明らかに子どもに気を使わせていることを自覚しました。

そこで、ある日突然、夫へ「息子を夜ご飯に連れて行ってあげてください」とメールをしてみたのです。今まで散々無視し続けていたので、どんな嫌味を言われるのかとハラハラしていると、すぐに来た返事は「ありがとう！　喜んで」。

その時、一気に雪解けをした感覚を覚えました。私が夫からほしかった言葉は「ありがとう」だったのだと。「パパとごはんに行っておいで」と父親の話をすると息子は驚きつつもみるみる顔色が明るくなっていきました。食事に行った後も「楽しかった？よかったね」と笑顔で声がけができるようになり、息子も徐々にタブーがなくなっていきました。私はと言いますと、夫というストレスの根源だった存在を乗り越えたことでストレスフリーに。瞬く間に三者 all win の関係になったのです。

以来、息子は自由に父親の家に行ける環境、そして親同士としては進路のことや子育てのことなどをメールで都度共有しながら、離婚しても両親で子育てをする「共同養育」を実践しています。そして、父親の家に泊まりに行っている間は私はひとりの時間を満喫しており、今となっては「毎週でも何泊でも行ってほしい」なんて思ったりしていま す。

今回、この「共同養育」について本にしたかった一番の理由は、離婚後はひとりで育てるのが当たり前という社会の固定概念がゆえに、子どもと父親の関係を途絶えさせてしまう風潮に危機感を覚えたからです。例にもれず私もそのうちのひとりでした。また、ひとりで育児を抱え込むことでシングルマザーは疲弊してしまいます。離婚しても夫婦の感情と親子関係を切り分けることで、子どもはもちろん親にとってもメリットがたくさんあるということを身を以て体験したので、みなさんに知ってもらいたかったからです。

子どもにとっては親が離婚しようが父親も母親も変わらないのですよね。私は、そのことを離婚前に知るすべがなく、愛する息子を自分の手で苦しめてしまいました。このような辛い思いをするお子さんをひとりでも多く救いたい、そして離婚を考えているママたちに共同養育という選択肢を持ってもらいたい思いでいます。

現在、自身の経験をきっかけに「一般社団法人りむすび」を立ち上げ、共同養育を実践するための相談業務や面会交流サポート、共同養育の普及活動などを行っているのですが、りむすびに駆け込んでこられる方の多くは、「子どもに会えない夫」「子どもを会わせたくない妻」。

この夫婦の葛藤を分解していくと、「子どものため」だけでは片付かない心の対立構造が浮き彫りになり、一定の法則があることもわかってきました。

共同養育を実践していくには、元夫婦が親同士となること。そして、親同士になるためには相手の立場を知り争わないことが必須です。自身の経験や多くのご相談者の声を通してわかった共同養育のコツなどもお伝えしたく、今回の出版に至りました。

なお、父親と母親、どちらが子どもと一緒に暮らすかは、各ご家庭の事情によってそれぞれですが、今回この本では、離婚後子どもと一緒に暮らす親を母親、別々に暮らす親を父親のケースで展開します。また、法律婚にかぎらず事実婚や未婚の方などにも共同養育の考え方が広まってほしいと考えております。

もちろん、離婚しないに越したことはありません。離婚家庭が増えているとはいえ、子どもにとって唯一無二のパパとママと一緒に仲良く暮らしていたい思いは今も昔も変わらないでしょう。ただ、どうしても結婚生活を継続させることが難しい場合は、共同養育という方法があることを知った上で、夫婦関係から親同士の関係へのシフトの仕方を学んでいただける機会になれば幸いです。

目次

# 第1章
# 離婚したら親はひとり？

# 離婚を迷っているあなたへ

## あなたの心は今どのステージ？

あなたは今どのような状況ですか。夫婦関係を修復したいと思っている人、離婚が頭をよぎっている人、具体的に離婚を計画している人、すでに別居や離婚している人もいれば、どうしたいのか自分自身でもわからないという人もいるでしょう。

「夫に優しくされたい、愛されたい」という願望に応えてくれない夫へ不満がたまっているという人もいれば、夫のことを生理的にも精神的にも受け入れることができず、いやでいやで仕方ないけれど、子どものために波風立てない方がよいと結婚生活を続けている人もいるかもしれません。

夫が不在の日が続いたり摩擦がない時には「このままもう少し様子を見ようかしら」

と思える日もあれば、些細な口論が大事になり険悪な日が積み重なると「もう絶対に無理」と離婚への意志がかたくなり、まだ見ぬ離婚後の未来へ期待が高まることもあるでしょう。

すべては日々の不満の蓄積。お願いごとを無視されたり、聞いているようでいていつも最終的には意見が尊重されずに夫の思い通りにされたり、さらには高圧的にバカにするような言い返しをされると、だんだん話しても無駄だと会話を諦め、心の中で離婚へのカウントダウンが始まっていきます。

夫にとっては些細なことでも妻にとっての積み重ねは、足し算どころか掛け算になって不満が膨れ上がりいつしか飽和状態に。ギリギリで我慢している気持ちを、最終的に離婚へ後押しするのは、ほんのちょっとしたそれこそ夫にしてみたら記憶にないくらいの出来事だったりするのです。

「どうしてうちの夫だけ？」と周りと比較するとより離婚の意志がかたくなることも。

イクメンでレディファーストなママ友の夫を見るたびに自分の夫に幻滅し、また、外で素敵な男性と接する機会があると、「こんな夫と一生暮らすなんてもったいない」「あらたに素敵なパートナーと出会って第二の人生を謳歌したい」と離婚したい気持ちに拍車がかかることもありますし、すでに心の支えになっているパートナーがいるなんてことも。

また、性格の不一致以外にも浮気や借金などにより離婚を迷っている人もいるでしょう。事情はそれぞれではありますが、離婚を決断して動き出すとゴングが鳴ったかのように一気に始まっていきます。そして、自分の頭の中で考えている時は自分の思うがままの未来を描けますが、離婚は家族を巻き込んでいくので、想定外の方向に進んでいくこともなきにしもあらず。迷っている時こそじっくり時間をかけて、自分の心の奥底に気持ちを整理していき後悔しない選択をすることが大切です。

## なぜ迷う？「条件vs感情」の天秤

夫婦だけだったら、財産の精算だけして、さっさと離婚することもできるでしょう。

離婚後も自分ひとりだけ生きていく分にはなんとでもなります。しかしながら、子どもがいるとなるとそう簡単に決断はできません。

「父親のいない子どもにしてしまっていいのか」「ひとりで育てられるか」「経済面が心配」「養育費はちゃんと払われるのか」など不安は山積です。

それでも離婚を決意するというのは、これらの不安要素よりも夫と同じ屋根の下で暮らすことが困難だという心の悲鳴が上回っていることになります。また、親からの経済的支援などがあり、不安要素が払拭できていると、天秤がより離婚側に傾きやすくなるのです。

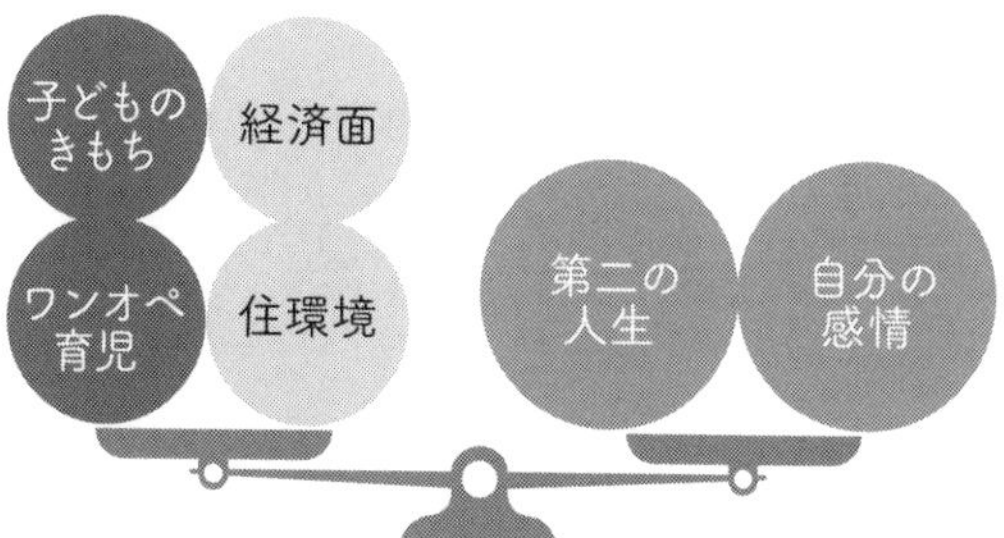

# 離婚してもすべてをリセットすることはできない

## 子どもは離婚しないでほしいと思っている

夫と同じ屋根の下にいるだけで胸が苦しくなる、精神的に追い詰められ逃げたくなる、涙が止まらなくなる、こんな状態が続くくらいなら離婚した方が良いのではないか、子どもも私の気持ちをわかってくれるのではないか、そう思っていませんか。

もちろん、子どもはママが悲しんでいる姿を見たくありませんし、ママのことを心配して味方になってくれますよね。ただ、一方でパパのことも心配しているかもしれません。どちらか一方だけの味方にはなりきれないのです。なぜなら両方とも自分の親だから。

子どものために離婚を考えるとするのであれば、大事な境界線は、子どもの前で夫婦喧嘩が絶えなかったり、親が子どもに当たるようになってしまっているかどうかです。子どもは両親の不仲を敏感に察知し明るく振舞いますが、親が喧嘩しないか日々おびえながら過ごすことにもなりかねません。

もしも、日によって穏やかに過ごせる日があったり、夫婦も子どものためになんとか取り繕うことができるのであれば、離婚を焦ることなく修復も含めて模索するのもひとつです。なぜなら、これだけ離婚が増えた時代でも、子どもは誰しも両親に仲良くいてもらいたいし離婚なんてしないでほしいからです。子どもの気持ちは、今も昔も変わらないのではないでしょうか。

また、離婚したからといって必ずしも幸せになれるともかぎりません。ストレスの根源だった夫と一緒に暮らすことはなくなったとしても、子どもがいる限りは、親同士として関わっていかなくてはなりません。残念ながら完全に縁を切ることはできないのですよね。

それでも、夫婦の不仲が家庭内で露呈され、子どもがビクビクしていたり、ご自身の精神面があまりに不安定になってしまうようであれば、離婚か修復の二択だけではなく、いくつかの選択肢を知っておくとよいでしょう。

## 選択肢を広げよう

離婚をして縁を切るか、または夫婦仲を改善して修復するか、ついこの二択で考えてしまって、「修復はできないから離婚だわ！」と決断をしてしまうのは要注意。とはいえ、「離婚はしないけれど夫婦仲を取り戻すことも難しい」と悩み続けるのも辛いですよね。答えは離婚 or 修復だけではありません。両極で考えるのではなく、いくつか選択肢を持っておくだけでも気持ちが楽になるものです。

### ●修復

「もうダメ」と見切りをつけるその前に、修復に向けてできることがまだ残っていないか、できるかぎりのことはやってみましょう。

まずは、修復のための試みとして、あなたが思い詰めていることや求めていることを夫に伝え、夫がどう感じているかを聴くところから。夫の姿勢によって気持ちが整理できるかもしれません。

ますます惨めな思いをするかもしれないと思うと投げ出したくなりますが、「やれることはすべてやりきった」と思えると今後の決断に後悔がなくなります。

ひとりで抱え込まずに心の専門家などの第三者に相談するのもひとつです。後に出てくる「相談相手選びは慎重に」を参考にしてください。

## 継続

修復できるに越したことはありませんがハードルが高い場合は、修復にパワーを注ぐことなく、同居生活を継続する方法です。

子どもやお金のためと割り切って、自分は自分で生活を楽しむ、できるだけ接点を子どものこと以外で持たない、口論もしないという、いわば快適に仮面夫婦を続けるという選択です。


離婚をするには経済的自立が必須です。自分自身で自活に向けた稼ぎの見通しが立てられない、子どもを育てながら働くことに自信がないという人は、感情だけで離婚へ先走るのではなく、いかに快適に仮面夫婦生活を過ごせるかを考えるのが建設的です。

夫婦関係の修復が困難な場合は、いずれ離婚の選択をできるように、同居中に資格を取ったり仕事をしたり、経済的自立をはかるようにしていきましょう。不思議と仕事などやりたいことが見つかると、夫への不満を考える時間がなくなり、また、視野が広がると夫婦の会話が増え夫婦関係がよくなるといったこともあるものです。選択肢を広げられるように準備しておくのも良いでしょう。

## ●別居

同居生活の継続が難しい場合の選択肢が「別居」です。どっちつかずでモヤモヤするのではないかと思う人もいるかもしれませんが、経過観察やいずれ選択するであろう離婚に向けた徐行運転という意味でも有効です。離れて暮らして精神的に安定するのか、逆に生活への不安などから気持ちが不安定になるのか、自分自身の気持ちを確かめる時間にもなります。

ただ、別居は当然のことながら、家賃や光熱費など費用がかかりますので経済的な見通しも立てたうえで行うのが理想です。また、修復の可能性も残しておきたいのであれば、別居をする際には夫に内緒である日突然夜逃げのように出ていくのではなく、きちんと話し合ったうえで別居をすることが賢明です。

そして、肝心なのが子どもの気持ち。子どもにとっては別居も離婚も親と離れることには違いがなく、別居の時点で大きなダメージを受けることになります。子どもを連れて別居を考えている場合は、学区を変えずに転校しなくて済むようにするなど、子どもの環境を極力変えないようにする配慮も必要です。遠方の実家へ引っ越すことなどを想定している場合は、子どもへのダメージをきちんと把握したうえで計画を立てましょう。

## ●離婚

最終的な選択肢が「離婚」です。夫婦関係を完全に解消することで夫との関わりから解放され、あらたな人生を歩み出すことができるため、精神的な解放感は大きいです。

ただ、離婚しても元夫とは子どもの親同士として関係が続いていくので、いかに争わずに離婚し、その後どうやってストレスを少なくしながら関わっていくかが離婚後の人生をハッピーにできるかどうかの鍵になっていきます。

## ●家族全員のダメージを最小限に

迷いがあるうちは、同居生活を継続しながら別居や離婚をシミュレーションしてみるとよいでしょう。また、選択をできるためには経済的な自立をしておくことは必須です。仮に離婚を選択した後に待ち受けているのが貧困生活というのでは本末転倒。

また、離婚して養育費や国からの支援をもらって生活しようと楽観的に考えている人もいるかもしれませんが、養育費はあくまで子どもの養育にかけるものですから生活費は自分で稼がなくてはなりません。自活できる自信ができてから別居や離婚の選択をすることが望ましいです。

そして、なにより大事なことは自分だけではなく、子どものダメージを最小限にすることです。後述にある子どもの気持ちや夫との関わり方などを学んだうえで、最終的にいつなにを選択するのがベターかを考えていきましょう。

# 夫婦の切れ目が親子の切れ目

## 親はひとり or ふたり？

あなたは離婚をした後、子どもと父親の交流をさせたいと思いますか。それともできることなら会わせたくないと思いますか。離婚するほどの相手ですから関わりたくない思いもあるでしょうし、会わせることなど想定外と思っている人もいるかもしれません。まわりで離婚して会わせていないママ友がいれば、会わせないことがあたりまえだと思うこともあるでしょう。

「離婚は縁切り」といった言葉もよく耳にします。夫婦の切れ目は親子の切れ目と思われがちですね。離婚した後に子どもと父親が交流していたり、学校行事に離婚した元夫が参加していたりすると、世間ではまだまだ驚かれることも少なくありません。

また、「女手ひとつで育てた」という話は、「よくひとりで頑張ってきましたね」と称賛されたり、「親の離婚後、父親と何十年ぶりに再会」といった話は「会えてよかったですね」と美談になりがち。

では、質問を変えます。離婚した後に子どもにとって親はひとりになると思いますか。それともふたりのままだと思いますか。

正解は「ふたり」。子どもの視点で考えれば、親が離婚したとしても、父親であることも母親であることもなんら変わりはないのですよね。冷静に考えれば、実はあたり前のこと。自分が子どもだったらどう感じるかと問えば答えはシンプルです。

「離婚しても親はふたり」という変わらぬ事実があるにもかかわらず、離婚をすると「ひとりで育てる」ことが前提でもうひとりの親は除外視されがちです。そして、シングル

マザーに対して「お子さんとパパとの交流はどうしているの？」「会わせた方がいいんじゃない？」など、父親の話題に触れるのはどこかタブーになっているような、そんな空気感があったりしませんか。

## ひとり親という錯覚

実は私も、離婚したら親はひとりになると思っていました。正確に言うと、ひとりかふたりかといったことまで考えは及んでおらず、単に元夫と関わりたくない一心で、父親の話をタブーにしていました。漠然と父親はいなくなるものだと思っていたのでしょう。離婚したのがちょうど息子が小学4年生の時。当時、学校へ提出する家庭現況届の父親欄を赤字で二重線を引き、「削除」と補記した紙を息子に持たせたのを今でも覚えています。

「父親はいるけれど別のところに住んでいる」ではなく、「父親はいなくなり元夫は別のところに住んでいる」という整理でしょうか。さらには、私にとっての夫や子どもにとっての父親がいなくなってしまった以上は、早く再婚して新しい家庭をつくらなくてはと焦っていたものです。

この感覚は誰かに刷り込まれたわけでもなく、ごくごく自然に湧き出てきたものです。もっと言えば、自分が離婚するまでは、シングルマザーが子どもを父親に会わせているかどうかなど関心すらありませんでしたし、会わせていないと聞いても、そんなものなのだとなにも疑問に感じることはなかったでしょう。

自分自身が離婚をし、子どもを父親に会わせることに後ろ向きだったことで、子どもの気持ちが不安定になり初めて気付かされたのです。「子どもにとって父親は変わらない」ということを。ひとり親という錯覚は、悪気なく世の中のデフォルトになっていて、そういうものだとひとりで育てている人が後を立たないというわけです。

# なぜ離れて暮らす親子が会えなくなるのか

## 離婚後に会えている親子はたった3割

この「ひとり親の錯覚」により、なんと離婚した後に離れて暮らす親子で交流が続いているのはたった3割。毎年親の離婚を経験する子どもは約22万人と言われていますから、その7割つまりは約15万人の親と会えない子どもたちが毎年増えていくわけですね。よくよく考えてみるとすごい人数だと思いませんか。

なぜ、こんなに会えていないかというと、これまでお伝えしてきた「ひとり親という固定概念」によって、夫婦の感情と親子関係を混同され「会わせない」「会わない」という選択肢を持つことができるからなのです。

では、この固定概念はどこからくるのかというと、日本は離婚した後は「単独親権」という両親のどちらか片方だけが親権を持つ制度があり、これが主な要因だといえるでしょう。離婚しても親権を持たなくても「子どもの親」であることはなんら変わらないのですが、親権を持っていないと、親ではないというミスリードをされてしまいがちなのです。

## 所有物化されていく子どもたち

「子どもは私の味方だし子どもの気持ちは私が一番わかっている」「私がこんなに夫のことを嫌いなのだから子どもも嫌いになっているはず」と、自分の感情と子どもの気持ちを同一視してしまい、子どもを所有物化してしまっていませんか。

たとえば子連れ別居するとしましょう。当然、子どもを連れていく前提で準備を進めるわけですが、子どもは本当に同意しているのでしょうか。もちろん、暴力などですぐに離れた方がよいケースもありますが、性格の不一致など夫婦間の問題である場合、子どもは空気を読み母親の意志に従ったり、ないしは状況がわからないままついていくということもあるでしょう。

ただ、子どもと母親は別人格。そして、夫婦関係と親子関係も別物なんですよね。親だからと言って決して子どもを思い通りにできる立場ではないのですが、子どもを父親に会わせるか会わせないかも含め、自分の感情で決めてしまいがちです。

## 別居前よりも関係が悪化

離婚に向けて話し合いをする際に、裁判所で相手を責めたり批判したりして争えば争うほど、お互いの不信感が募り、もはや「直接関わるなんて絶対無理、会わせるなんてありえない」と、別居前よりも関係が悪化してしまうケースをよく目にします。

また、裁判所で決められる面会交流の相場は月1回2時間程度。もっと頻度が少なかったり、なかには写真のみの交流といった取り決めになることも。相談する相手によっては、できるだけ子どもを会わせないように示唆する人もいるでしょう。別居前は子どもと父親を会わせないとまで考えていなかった人たちも、これらの外的要因で、一気に会わせたくないモードのスイッチが入っていくことも多いです。

## 取り決めなくても離婚できる

離婚後に会いたい親ばかりではありません。先ほど裁判所のことを書きましたが、裁判所を利用した離婚は約1割。残りの9割の夫婦はお互いの話し合いによる離婚です。なかには、子どもの養育についての取り決めをせずに離婚している人もいます。

お互いが「離婚の切れ目が親子の切れ目」という考え方に合意をしていたり、悪気なく親子関係が自然消滅していき、気が付いたら子どもは父親と会えなくなってしまっているということも多くあるのです。また、母親は会わせたいと思っていても、父親側が離婚したら親ではなくなると思っていて、交流が途絶えてしまうということも少なくありません。

このように「ひとり親」という錯覚がゆえに、親子が会えなくなってしまうのが現状です。

# 相談する相手選びは慎重に

あなたは離婚を悩んだ際に誰かに相談しましたか。またはこれから誰かに相談しようと思っていますか。その時どのような人を思い浮かべるでしょうか。

身内や親しい友人を思い浮かべる人もいれば、ネットで探して弁護士の無料相談へ問い合わせる人もいるでしょう。または行政で開催されている無料離婚相談セミナーなどに出向かれる人もいるかもしれません。

離婚が頭をよぎっているのか、修復したいのか、円満に離婚をしたいと思っているのか、暴力を受けていて一刻を争うのかなど、人によって相談したい内容は違います。それぞれの状況に適した相談先へ相談しないと、気持ちが追いつかないまま外野が事を進めてしまい、気がついたら「こんなはずじゃなかった」と後悔しかねません。

後悔しないためにも相談先のそれぞれのメリット、デメリットを知り、自分に適した相談先の門を叩くようにすることが大切です。

## 親や友人に相談

身近な味方である親や友人。気楽に話せるメリットがある反面、近しいことによる落とし穴も。思いつきで感情のままに相談せず、なにを相談したいのかを決めてから話すことをお勧めします。

### ●母親に相談

日頃から密接に母親と関わりしょっちゅう実家に帰っている場合は、真っ先に相談するのが母親になるのではないでしょうか。事あるごとに夫の不満を聞いてくれている母親であれば話は早く、誰よりもあなたの味方になってくれて手を尽くしてくれるでしょう。

ただ、気をつけなくてはならないのは母親による支配です。何歳になっても子どもは子ども。無意識に娘＝あなたをコントロールしようとする母親も。そして、あなたは支配されていることすら気づいていないこともあるのです。

「そんな人とは早く別れて実家に帰ってきなさい」「再婚するにはまだ間に合うから早く離婚しなさい」「全部お母さんがやってあげるから大丈夫」「離婚の話し合いにはお母さんが同席してあげる」「良い弁護士がいるから連絡しておくわ」など介入度が高くなってくる時は要注意です。

また、娘のことに重きを置く一方で、孫への影響まで考えが及ばないことも。ひと世代前に子育てをしてきた母親世代は、離婚したら女手一つで育てるのが当たり前であり、離婚は縁切りであるという価値観の人がほとんど。

あなたは今、子どもの顔色よりも母親の顔色を伺っていませんか。言いなりになっていませんか。母親の前だとつい子どもに戻ってしまいがちですが、母親の意見を鵜呑みにせず、最終的な判断は自分自身ですること。時に母親と意見が食い違ったとしても、母親が自分の親であるように、あなたも子どもの親として意見を持つことが大事です。

親というのは誰しも、自分の子どもに思い入れるもの。多くの場合、母親が最も気にかけるのは、あなたの夫でも子どもでもありません。現在のあなたの感情に同調しやすく偏っているかもしれないことを、頭の片隅に置いてアドバイスを聞いた方がいいでしょう。

ただし、別居後に実家にお世話になる場合もありうるので母親と関係を悪化させないように、感情的に喧嘩をしないこと。そして、母親がまずなによりもあなたを心配してくれているということには感謝を伝えながら話をするように心がけましょう。


一方で、母親との関係が希薄だったり、親に心配かけてしまう事を負担に感じ相談できないという場合は、離婚することが確実になり自分の生活の見通しがついた後、報告するとよいですね。自分自身が悩んでいる時に母親まで巻き込んでしまうと、母親のケアをしなくてはならずやることが増えてしまいストレスに。

ストレスは夫との関わりだけに絞るようにしましょう。とはいえ、いざという時には頼りになるのが親というものですし、親しき中にも礼儀あり。離婚後に報告するのではなく、事前に報告し仁義切りを果たしましょう。

## ●友人に相談

親友など信頼の置ける友人へ相談しようかと迷うこともあるでしょう。もし、その友人が夫婦仲が円満だったり独身だったりしたらどうでしょう。どんなに話をしても環境の違いから説明をする時間も多くなり、却ってストレスになってしまい、「話さなきゃよかった」と後悔する可能性も。

また、途中段階で話をすると、またさらにアップデートされた情報を逐一報告をしなくてはならなくなりますし、「その後どうなった？」など連絡が来たりすることで、いらぬタスクが増えます。

一方で、少し先を歩いている離婚経験者の友人は情報収集の面でも有意義です。さらにポイントとしては、「母子ともに幸せに暮らしている友人」を選ぶことをお勧めします。離婚理由や価値観は人それぞれですし正解はありません。感情だけではなく子どものことも考えて、建設的に離婚している人の話は後のあなたのためになるでしょう。

辛い気持ちをどう乗り越えたか、元夫と今どうやって関わっているのかといった情報は机上では学べません。経験者に勝るものはないのです。そして、可能であればひとりではなく数名の友人の話を聞いてみると良いですね。離婚後も父子交流がある人、父子交流がない人、ぞれぞれの話を聞いてみるとよいでしょう。あなたがどちらの道を進みたいかを考える機会になると良いですね。

## 行政へ相談

行政では離婚に向けた相談やセミナーを随時開催しています。また、離婚後は金銭面での補助や就労支援など行政からさまざまなサポートを受けることができます。経済的に不安な人も多いなか、とてもありがたい取り組みですね。ただ、個々のケースに適応した多種多様なサポートがまだ不足しているのも現状です。

### ●経済面でのサポート

行政では、児童扶養手当、就労支援、住宅支援、医療費助成、税の軽減など、多くのひとり親家庭支援制度があります。他にも、所得制限はありますが、通勤定期の割引や、水道、下水道料金の減免、粗大ごみ等処理手数料の減免といった手当を受けることもできます。

主に経済面を重視したリポートが多く見受けられます。実際、ひとり親家庭の貧困率は50％を超えており、こうした経済的支援はありがたいですね。

## ●一律化した支援ルート

離婚を迷っているのか、決意しているのか、すでに別居をしているのか、もしくは修復したいのか、「離婚」と一言で言っても精神的にも環境面でもケースは千差万別です。行政の相談員は、もちろん相談を聞いてくれますが、法テラス（弁護士）やＤＶシェルターを紹介するなど、「つなぐ」役割が強め。そして、つなぐ先が限られていることも特徴的です。

まだ、離婚を迷っている程度でそこまで深刻ではなかった、確かに暴言を吐かれたけどＤＶシェルターに入りたいとまでは思っていなかった、争うつもりはなかったけれどいつのまにか弁護士に依頼することになった、など、気持ちがついていかないうちに、敷かれたレールに乗って離婚になってしまったということも。「ちょっと違うかな」と思ったら、アドバイスを聞くだけ聞いて、持ち帰るようにしましょう。

## 弁護士へ相談

「離婚　相談」と検索すると、一番上に表示されるのはほとんど弁護士。離婚はほとんどの人が初心者ですからわからないこともたくさん。法的知識を持ち有利な条件で離婚を進めるためにはとても頼りになる存在になるでしょう。

ただ、弁護士によっては争わなくていい夫婦でも争いを招いてしまうことも。ご自身のケースが弁護士へ依頼する必要が本当にあるのかどうかを考えてみることも大事です。

### ●争いモードに一転

夫婦のどちらかが弁護士をつけると、相手側も焦って弁護士をつける傾向にあります。そして、弁護士をつけると直接連絡を取らないように指示をされることも多く、書面でのやり取りになるため、気持ちの面での不満だったり、相手が何を考えているのか、といったコミュニケーションを取るのが難しくなります。

また、弁護士に相談すると、すぐに裁判所での離婚調停などの申立を提案されることもあります。夫婦のこじれの多くは気持ちのすれ違いが原因。裁判所では、気持ちよりも条件決めがメインになります。時にお互いを批難し合うような書面でのやりとりを繰り返し、わだかまりが残ったまま離婚することになりかねません。ないしは、夫が離婚しないとなれば争いが長期化してしまうことも。

争わないに越したことはありません。子どもの親として離婚後も関わっていくのですから、なおのこと。

## 弁護士費用は子どもの養育へ

離婚で頭がいっぱいになり藁をもすがる思いでいると、金銭感覚が麻痺するもの。最初は弁護士費用に度肝を抜かされつつも、ここでやめたら今までの費用がもったいないという思いから、どんどん弁護士費用が膨れ上がり、気がついたら生活費や子どもの学費を削るなんてことも。これでは本末転倒です。

元夫婦で争ってお互いが弁護士をつけて高い費用を払うくらいなら、その費用を子どものために貯金する方がお互いのためであり子どものためでもありますね。

## 心の専門家「カウンセラー」

### ●大事なのは「気持ちの整理」

離婚問題の根源は気持ちのすれ違い。気持ちの整理をせずにわだかまりのある状態で、離婚の条件を円満に決めるのは難しいことです。まず自分が本当はどうしたいのか、なにが不満なのか、相手へ何を望んでいるのかなど自分の気持ちを知るためにも、心の専門家であるカウンセラーを頼るのもひとつです。

表面的には離婚したいと思っていたとしても、実は愛されたかったことによる不満だった、つまりは夫ともっと仲良くしたいという思いがあったというケースも少なくありません。離婚に踏み切るにも自分の決断に後悔しないためにも、きちんと自分を知る作業はとても大切です。

カウンセラーも価値観は多種多様です。カウンセラーの生い立ちやプロフィール、離婚経験の有無を調べて相性の合いそうな人のところへ相談してみるとよいですね。

## ●夫婦一緒にカウンセリング

自分自身がカウンセリングを受け、気持ちが整うことで方向性が見えてきた後に、大事な作業は夫へ気持ちを伝えること。そして、夫の気持ちを知ること。離婚するほどの相手と直接話し合いすると口論になってしまいがちですが、カウンセラーを仲介に話し合う「夫婦カウンセリング」という方法もあります。

条件の取り決めなどをするのではなく、気持ちの面での相互理解をはかる場になります。直接夫婦で話さずに、妻とカウンセラーが話すのを横で夫が聞き、夫とカウンセラーが話すのを横で妻が聞くという流れを繰り返していきます。横で相手の気持ちを聞きながら、「こんなふうに思っていたんだ」という新たな気づきを得ることで、不信感が軽減し離婚にせよ修復にせよ一歩前進していきます。

第三者を仲介にして直接対話しないことで、冷静に自分の気持ちを話すことができるので有効な手法です。一度だけですべてを理解しあえるわけではないので、継続的に続けていくことでより理解が深まります。

## 裁判所以外での話し合い

離婚の取り決めをお互いできない場合、弁護士に依頼して裁判所で決めるしか方法がないと思われがちですが、専門機関や弁護士などを仲介にして話し合いをできる方法もあります。「ADR（裁判外紛争解決手続）」という方法で、簡易的調停とも呼ばれています。

なかなか知られていませんが、専門家を真ん中に、夫と妻が同じ場で話し合いを行うため、対立構造を深めずに協議できるメリットがあります。

また、離婚に向けた協議に限らず、たとえば「まずは別居をするので面会交流のことと生活費のことを決めたい」といった時にも利用できます。

実際、私も弁護士と連携して話し合いのサポートをしています。気持ちを整理したうえで、夫婦同席のもと意

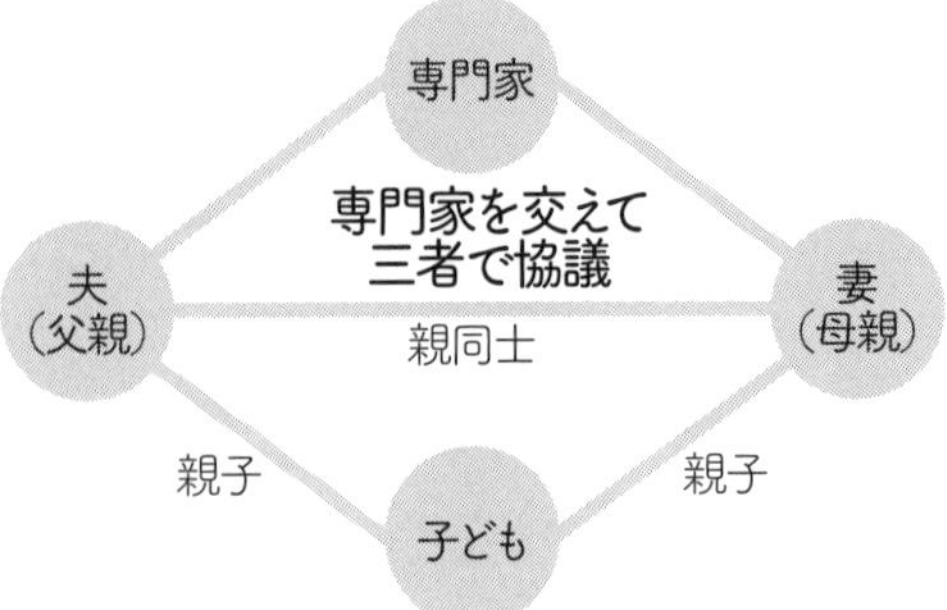
専門家
専門家を交えて
三者で協議
夫
（父親）
妻
（母親）
親同士
親子
親子
子ども

向を調整しながら取り決めを行うので、とても有効的だと感じます。気持ちが置いていかれることがなく、お互いが歩み寄りながら着地点を見つけることができるのも利点です。

また、休日や夜間にオンラインでも実施できるので、裁判所に比べて柔軟なスケジュール調整ができ、短期間で話し合いができることもメリットです。

離婚した後に親同士の関係を続けていくためには、争わずに離婚するに越したことはありません。このような裁判所以外の話し合いの方法があることを知っておくとよいでしょう。

## 自分に都合の悪いことを言ってくれる人にこそ耳を傾けよう

それぞれのメリット、デメリットを紹介しました。つい、自分の思い通りに離婚を進めていきたくなるものですが、自分の意向をすべて叶えてくれる専門家よりも、子どものことも考え、時に耳の痛いアドバイスをしてくれる人の方が信頼できるかもしれません。

ちょっと相談しただけですぐに離婚を勧めてきたり、盲目的に応援してくれる人はいませんか。長期的な視点で、あなたや子どものことを心配してくれているのでしょうか。いつのまにかレールに乗せられているような気持ちになったり、自分の気持ち以上にどんどん事が進んでいくように感じたら必ず立ち止まってください。離婚に向けて争いが始まってしまったら、もう後戻りできないなんてことはありません。

親でも弁護士でもなく、思わぬところに良きアドバイザーがいたりします。

弁護士、カウンセラーなど専門家は人によってアドバイスする内容は千差万別。そして、離婚するとその後のフォローがないことも多いです。

離婚した後も子どもと父親の関係はこの先ずっと続きます。ぜひとも、子どものこと、そして離婚後の未来を見据えながら相談できる相手を選ぶように心がけてください。

# 第2章
# 子どものキモチ

# 親に忖度！　空気を読む子どもたち

## 親の離婚は人生の大事件

離婚となると、つい自分の感情を優先してしまいがちですが、お子さんがいるご家庭での離婚は、何よりもまず子どもの気持ちを理解しておくことが大切です。離婚家庭が増えているとはいえ、仲の良い両親のもとで暮らすことを望む子どもの心情は今も昔も同じ。子どもにとっては親の離婚は人生の大事件と言っても過言ではありません。

「この先どうなってしまうの？」「パパともう会えないの？」「僕のせい私のせいでパパとママは喧嘩してしまったの？」「ママに聞いたら怒られるかな」など、小さな胸を痛めながらひとりで苦しんでいます。大人は友人やカウンセラーなど相談する先はいくらでもありますが、子どもにとって一番甘えたい親に甘えられない、気持ちを伝えられない状況はこれ以上にないほど辛い思いをしていることは容易に想像できますね。

離婚は親の都合です。親の勝手により子どもを傷つけることは間違いありません。その時点ですでに子どもに対しては親は「ごめんなさい」なのです。ただ、だからといって子どものために夫婦仲が劣悪なまま離婚せずに子どもが成人するまで結婚生活を送ることに限界を感じる方もいるでしょう。であれば、愛する子どもが受ける離婚によるダメージを最小限にとどめてあげることが親の責務になってきます。

## 子どもは親の顔色を伺っている

子どもは驚くほどに親の顔色を見て空気を読みます。個人差はあるものの、未就学児でも親の異変に気付き、それぞれの親の味方になろうとパパのことが好き、ママのことが好きと言って笑顔で振舞ったりすることも。また、別居後母親と暮らすようになった際には、母親から嫌われたら生きていけなくなるわけですから、生存本能で母親のご機嫌をとることを覚え、母親を怒らせないよう、機嫌を悪くさせないよう、悲しませないように、言葉を選び振舞います。まさに忖度です。

父親の話題を出して母親が不機嫌になるリスクを回避するために、父親の話は一切せずにタブーにしたり、母親に「父親に会いたい？」と聞かれても、「会いたくない」と答えてみたり、母親が父親の悪口を言っている場合は同調してみたり。終始気を遣いながら顔色を見て過ごしています。

わが家でもこんなことがありました。当時小学4年生だった息子が別居当日に私に言った言葉は、「ママは間違えてないよ。僕だって同じことをする。ママは正しいよ」と。そして、「僕が今日はご飯つくってあげるから、お肉焼くね。お腹すいた！」と言って、笑顔で焼いたお肉を私に差し出してくれました。

その時は、私に同調してくれる息子に対して「そうだよね」と言い、自分の味方でいてくれることに胸を撫で下ろしていましたが、今思えば、息子は、すべてを察知したうえで、空気を読み、あらゆるアンテナをはたらかせ、その場で最善な言葉を選び行動に起こしたのです。まだまだ、甘えたい盛りの小学生の男の子にこのような大人の役をさせてしまっていたのです。口論の末、父親が出ていく姿を目の当たりにしたのですから、心の中では、不安で不安でたまらなかったことでしょう。

　このように、子どもは親の感情を敏感に察知するので、子どもが発した言葉が本心だとはかぎりません。また、子ども自身も本心なのか顔色を見て言っているのかわからなくなっていることもあるでしょう。子どもの発言に対して子ども自身に責任を持たせるのは酷なこと。

　たとえば、子どもに「パパに会いたい？」と聞いたとします。その時の母親の表情や声色によっては、「別に、、会いたくない」というでしょう。その言葉を鵜呑みにして、「子どもが会いたくないと言っているから会わせる必要はない」と決めつけてしまうのは要注意です。その言葉を言わせているのは、もしかしたら、あなたから醸し出されている「ママはパパが嫌い」というオーラかもしれません。

　離婚から数年経ち、タブーがなくなりつつあった頃、息子がこんなことを言っていました。「あの時のお母さんはいつも悲しいアピールしていて最悪だった。あんな顔して、『パパに会いたい？』って聞かれたら、『ううん』って答えるしかないよね。自分の目はお母さんの顔色を見るために付いているって思っていた」と。愛する息子に、こんな思いをさせていたわけですね。

子どもをこんな気持ちにさせないために、子どもの気持ちをケアしながら、子どものダメージを最小限にとどめるにはどのような対応や親の心得が必要になるのでしょうか。

## どんな年齢でも親の異変を察知する

離婚となると、つい自分の感情を優先してしまいがちですが、お子さんがいるご家庭での離婚は、何よりまず子どもの気持ちを理解しておくことが大切です。さて、では子どもは親の不仲や別居離婚をどのように受け止めているのでしょうか。

## 五感で察知（乳幼児期）

今まで子育てされてきたなかで誰しも経験があるのではないでしょうか。ママがちょっと不機嫌だったり余裕がなかったりすると、乳幼児の子どもが敏感に察知して突然泣き出したり全然寝てくれなかったりすること。声色や表情などちょっとした異変に気づくのでしょう。ましてや、パパとママが血相変えて喧嘩をしていたり、ママが時折ひとりで泣いていたりしたら、言葉はわからなくても五感で察知し不安定になることも。

乳幼児の子どもは言葉がわからないからと、目の前で言い争ったりするのは要注意。五感で察知しています。夫との話し合いは子どもが寝静まった後に別室で、そして、普段はたくさんスキンシップを取ってあげて優しく声がけをしてあげましょう。

## 自分のせい？（就学前）

この年代になると、パパとママが不仲なことを明らかに認識しますが、なぜ不仲なのか理由を察知することはできず、ただただ悲しい気持ちになる子も多いようです。「僕のせい、私のせいでパパとママが喧嘩しているの？」「僕が、私がいい子になるから喧嘩しないで、ごめんなさい」と自責の念にかられてしまうことも。

不仲な理由を詳細まで伝える必要はありませんが、「あなたのせいでパパママが仲良くできないんじゃないのよ。パパもママもあなたを変わらず愛しているのよ」ということを、その年代でわかる言葉できちんと伝えてあげましょう。

## 復縁に期待（小学生）

小学生低学年にもなると知恵がつき、パパとママをなんとか仲直りさせようと一役買おうとすることも。たとえば、口を聞かないパパとママの手とつなげさせようとしたり、「パパ、ママにチュッてして」など言ってみたり。戸惑う場面もありますが、なんとか仲直りさせようと自分の気持ちを素直に伝えてきます。

このような場合、別居や離婚が確定しているのであれば、子どもが傷つく姿を見たくなくて曖昧にしてしまいがちですが、期待をさせないということも必要になってきます。

子どもにとっては酷なことではありますが、期待をして期待通りにならなかった場合には、二重にダメージを受けてしまいます。

「パパとママは一緒のおうちにいると喧嘩しちゃうから、おうちをわけて暮らすの」「パパとママは別々に暮らす力が協力できるの」など、曖昧にせずに説明してあげましょう。

さらに成長して高学年にもなると、親の顔色を見て空気を読み、発言して良いこと悪いことを判断するようになり、ます。つまりは、自分の気持ちを素直に話さなくなっていきます。そのようなことにならないためにも、両親がお互いの悪口を子どもに伝えたり、相手を排除するような言動をすることは控えることが大事です。

## 好きにするよ（中高校生）

中学生や高校生にもなると、「自分を巻き込まないでほしい」という気持ちが強くなってきます。話し相手にもなりやすいため、つい夫の悪口を伝えたり離婚をしようか悩んでいるなど相談相手にしていまいがち。ただ、子どもはカウンセラーではありません。今後、親が離婚したら自分はどこに住むことになるのか、行きたい学校には通えるのか、姓字は変わるのかなど自分の進路に関わってくることや生活環境面や経済面への具体的な不安が増えていきます。

離婚する事実をきちんと事実を伝えたうえで、親から子どもへのトップダウンではなく、今後の生活の見通しや選択肢を説明し子どもの意向を聞きながら決めるのもひとつです。当然自分と一緒に住むものだと思っていても、もしかしたら引っ越すよりは自宅に留まりたいから父親と住むと言い出すかもしれません。不安に思っていることをヒアリングし、質問しやすい環境をつくるように心がけましょう。

この時期はただでさえ思春期や反抗期で会話が少なく本心を聞けないことも多いかもしれません。ただ、子どもの人生にとっても大事なことですから、「言わなくても察知してくれている」「きっとわかってくれるだろう」と曖昧にするのではなく、きちんと向き合って話す時間をつくるようにしましょう。子どもの意向を取り入れたいというスタンスで話すようにするといいですね。

# 子どもへの対応（環境面）

離婚でただでさえダメージを受けている子どもに対して、ダメージを最小限にするために、どのような対応をするのがよいのでしょうか。まずは環境面をみていきましょう。

## 住まい

別居や離婚をする際に、夫が家を出るのか、妻が子どもを連れて家を出るのか。多く見受けられるのは、子連れで妻の実家に同居するパターンですが、子どもにとってはどうでしょう。もちろん経済面や夫との意向の相違などで思い通りになるものではありませんが、子どもにとってベストなのは環境を変えないこと。つまりは今住んでいる家に引き続き住む、ないしは近隣に引っ越すことで子どもの生活圏を変えないことです。

父親と一緒に住まなくなるという大きな変化はありますが、それ以外の要素に変化がなければ最小限のダメージで済みます。離婚したいほどの夫と近隣に住むことは精神的には容易なことではありませんが、夫と関わりたくないという感情だけで住居を決めるのではなく、子どもにとってはできるだけ環境を変えない方法を検討することも大事ですね。

もちろん、夫による身体的な暴力などのDVがある場合は適切な措置が必要です。そして、経済面などの理由で実家に引っ越すということもあるでしょう。その選択が、子どもへのダメージよりも上回る理由があるかどうかを考えるステップを踏むことが大事です。そのうえで、近隣に住むのか違う場所へ住むのか選択肢を持つようにしましょう。

## 友達との関係

学校を転校する場合は、子どもは友達関係も一から作り直すことになります。家庭環境の変化だけではなく学校生活や友達関係も一転することは、子どもにとっても環境の変化に順応するには多くのエネルギーを消耗することになるでしょう。

あらたな環境への適応能力が高くなるからと前向きに捉えるのは親の都合の良い解釈

であり、離婚と同時に住み慣れた環境を子どもから奪うことは可能であれば回避できることが望ましいですね。また、習い事やサッカー・野球などのクラブチームなど、子どもが頑張っていることもできるかぎり継続できる環境を整えてあげましょう。

仮に、子どもの満足いく環境を整えられなかったとしても、「離婚するんだから仕方ないでしょ」といった態度で接するのではなく、子どもが素直な気持ちを話しやすい環境をつくるように心がけましょう。

## 父親との関係

両親が不仲でいずれは離婚するとわかっていたとしても、父親が一緒に住まなくなることへの喪失感や不安ははかりしれません。たとえ、厳しい父親で子どもが懐いていなかったとしても、子どもは常に親から愛されていることを確認したいものです。

突然会えなくなると「パパは僕のこと私のことを嫌いなのかな」「パパはもう忘れちゃったのかな」「パパは私のことが嫌いだから一緒に住めなくなったのかな」と愛情を感じることができないことに不安を感じるでしょう。

たとえ離婚をして夫婦関係は解消しても親子関係は変わりませんから、父親と子どもが交流できる機会をつくるように心がけましょう。どんなに嫌いな夫でも子どもにとっては唯一無二の実の父親であることは変わらないのです。子どもがいる以上は親同士の関係は一生続くんですよね。

どうしたら縁を切れるかを考えるより、どうしたらストレス少なく関わっていけるかを考えていく方が建設的といえるでしょう。

## 子どもへの対応（接し方）

環境面では、「極力環境を変えない」ということをお伝えしました。では、環境さえ変えなければなんでもよいかというと、そういうわけにはいきません。子どもへの接し方次第で子どものメンタル面が変わってきます。では、具体的に気をつけた方がよいことをみていきましょう。

## 悪口を言わない

夫への怒りや恨みなど憎悪感が増すと、つい子どもへ夫の悪口を伝えてしまうなんてことはありませんか。「パパってこんなことしてママを悲しませるの」「パパって優しくないよね」「パパみたいな大人になっちゃダメよ」など、自分のつらさを子どもに共有し子どもを味方につけようとしがちです。

そして、子どもは黙ってただ頷いて聞いています。母親から嫌われたくない、怒られたくないし愛されていたい一心で決して否定や反論などしません。

ただ、子どもは心の底ではどのような心情でしょうか。父親も母親も好きな子どもにとっては、父親に申し訳ない気持ちから罪悪感を持ってしまうかもしれません。また、子どもの体の半分は父親でできていますから、父親を否定される＝自分を否定されると感じるでしょう。そして、父親の悪口を聞くたびに、逆に父親側の味方になる気持ちが芽生え、母親への嫌悪感が増してくることも。自分が子どもだったらと考えれば容易に想像がつきますね。

子どもへ悪口を言うことは自分自身が愛する子どもを苦しめている張本人になってしまうのです。そして、愛する子どもからいつの日か「パパのことを悪口言っていたママが嫌い」としっぺ返しが来る可能性があることも事前に知っておくとよいでしょう。

また、悪口は言っていないから問題ないと思っているのも要注意。言葉で悪口を言っていなかったとしても、表情や言動の端々で夫を拒絶するオーラが無意識に出ていると子どもは敏感にキャッチします。

夫にまつわるちょっとしたことでイライラしたり眉間にしわを寄せたり、離婚のストレスでため息をついたり、そんな母親の様子を子どもは日々ビクビクしながら伺っています。離婚で辛い時に気丈に明るく振る舞うのは大変なことですが、子どもの前だけは笑顔でいるように心がけられるとよいですね。

## 相談相手にしない

自分の辛さを共有しようと、つい子どもを相談相手にしてしまいたくなってしまいがち。子どもが小さいと何を言っても大丈夫だろうと独り言のように「パパが意地悪ばかりしてママしんどいの」など辛い気持ちを話してみたり、逆に大きくなって話ができるようになると「パパと離婚しようと思っているんだけどどう思う？」「もしもパパと離婚したらパパとママどちらについてくる？」など離婚自体の相談をするなど、自分自身の葛藤や迷いをそのまま子どもにぶつけカウンセラー代わりにしてしまいます。

子どもは親のカウンセラーではありません。カウンセラーがほしいのはむしろ子どもの方。大人は他にも相談相手を見つけることはできますが、子どもは相談する相手を容易に見つけることはできません。

離婚への迷いがある段階で、子どもに悩みを打ち明けると、もしも方向性が変わった時に「やっぱりもう少し離婚するのはやめようと思う」といったことも伝えなくてはなりませんし、子どもが要らぬ不安を持ち続けたまま過ごさなくてはいけません。

子どもに伝えるタイミングは、別居する、離婚するといった方向性が確実に決まってから。そして、子どもに話すべきことは、あなたの悩みではなく、「離婚することになっても心配ない」という安心材料を提供することです。

## わかる言葉で事実を伝える

「まだ子どもが小さいからパパはお仕事で遠くにいると言えばいいわ」「離婚したことは小学生になってから伝えよう」など、子どもに事実を伝えるのを後回しにするケース。子どもの気持ちを慮って言わない方がいいと思っている人もいれば、子どもにきちんと説明することからついつい目を背けて後回しにしている方もいるでしょう

離婚理由を事細かに詳細まで伝えることは必須ではありませんが、言葉のわからない乳児でないかぎりは、子どもの年齢でわかる言葉で事実を説明してあげることが大事です。

「パパとママは同じお家にいると喧嘩しちゃうの。別のお家にいた方が協力できるから別々のおうちに住むことになるの。でも、パパもママもあなたのことを変わらず愛しているのよ」と一緒には住めなくなるけれど、パパもママも愛しているということをきちんと伝えましょう。

また、子どもから思いもしない質問が飛び出すかもしれません。「パパとはまたおうちで会えるの？」「パパのおうちに行ってみたい」など。「いつもママは喧嘩はダメって言っているのに、どうして仲直りできないの？」と、本質をついた質問が出てきてドキっと冷や汗をかくことも。

子どもは友達と仲良くするように、喧嘩したら仲良くするようにと学んで育ちます。「どうしてパパとママは仲直りできないの？」と疑問に思うのも自然なこと。「パパもママも直さなきゃいけないことだよね。」ときちんと自分ができなかったことを認めて子どもに伝えることもひとつです。

正しい答えではなくても、はぐらかさずに嘘をつかずに答える誠意は子どもにも伝わるでしょう。何よりも、子どもが質問できる環境をつくることで子どもも不安が払拭されていきます。逆に「そんな質問はしないの」「あなたには関係のないこと」といった対応をすると二度と本心を話さなくなってしまいます。

親がきちんとわかるように丁寧に説明することで、子どもも離婚の話題に触れていいのだと思いタブーがなくなります。ひとつ嘘をつくと嘘を重ねていかなくてはならず、ひとつ辻褄が合わなくなると子どもは母親へ不信感を持つようになります。「嘘をつかない」「はぐらかさない」このシンプルなことを心がけることがポイントです。

## ワンポイントアドバイス

**Q　子どもが何歳の時に離婚するのがよいですか**

**A　何歳でもダメージはある。大事なのは気持ちへのフォロー**

子どもに離婚のダメージを与えないためには、いつ離婚するのがよいのかとタイミングを悩みますよね。「赤ちゃんのうちだったら父親の記憶もないから早い方がいい」「小学校に入学する前に離婚して子どもの名前を変えたい」など、いろいろ考えられているかもしれません。相談者の中にも離婚のタイミングを考えている方が多くいらっしゃいます。

もちろん、途中で転校するよりは入学のタイミングや学年が変わるタイミングなどというのも配慮する材料となりますが、ひとつ言えることはどのタイミングであれ子どもにとってはダメージがあるということ。逆に子どもの年齢を待っているうちに、夫婦仲がますます劣悪になっていき目の前で喧嘩が増えるのであれば、年齢を待つよりも別居を考える方が先決かもしれません。

大事なのは、年齢に応じてわかる言葉できちんと説明し、子どもの不安材料を都度ぬぐってあげることです。時に子どもの思い通りにならないこともあるでしょう。それでも不安や不満な気持ちを話せる場を作り続けることです。つまりは質問しやすい環境を作り続けること。それができれば、「何歳ではなくてはダメ」ということはないのではないでしょうか。

**Q　早く再婚して新しいパパをつくってあげたいです。面会交流するとパパがふたりいてしまい子どもが混乱しませんか**

**A　父親は入れ替え制ではない**

「再婚して早く父親をつくって子どもを懐かせたい」そう思うママも多いです。ただ、そのパートナーさんは果たして父親にならなくてはいけないのでしょうか。お子さんにとっての実の父親はたったひとり、それは元夫です。また、パートナーに父親役を背負わせることもパートナーにとってもプレッシャーになることもありますし、お子さんにとっても見ず知らずの男性をいきなり「父親」と思わなくてはいけないことに抵抗を感じるかもしれません。パートナーは子どもにとってのサポーターのような関係から始めてみるのもひとつです。

もちろん「パパ」として懐くことは良いことです。お子さんにとっては、父親は入れ替え制ではなく、実のパパも新しいパパもお子さんを愛していて、大事に思ってくれる大人が増えているということを伝えるとよいでしょう。実の父親との交流を途絶えさせてタブーにしてしまうのではなく、包み隠さず話して交流を継続していくことでお子さんは逆に混乱しなくなります。

また、パートナー選びで大事なのは面会交流を妨げるようなパートナーだったら要注意。お子さんのことより自分優先の可能性が高いので、再婚前にきちんとすり合わせしておけるとよいですね。

# 第3章

# 対立する夫と妻のキモチ

# 過去を許せない妻　未来を決めたがる夫

ご相談者に多い図式が、「子どもを夫に会わせたくない妻 vs 子どもに会いたい夫」です。なぜ、対立構造が生まれて争いが激化するのか。これは、夫と妻の見えている景色、そして、目を向けている時間軸がまったく異なっていることが大きな要因となっています。

では、具体的にどのような構造になっているのかを見ていきましょう。

今あなたが、離婚を迷っていたりこれから離婚の話し合いを考えているならば、今後起こるであろう対立構造や夫側の変化を知るために参考にしてみてください。

そして、今まさに離婚に向けて夫ともめている渦中であれば、ご自身の気持ちと重ねながら読み進めてみてくださいね。

## 過去を許せない妻

妻が子どもを連れて家を出たとしましょう。そして、「離婚してほしい」と切り出します。今までずっと辛い思いを我慢し、穏便に話し合いができるような関係性ではないため、別居すること自体、夫と合意が取れていないまま家を出るというケースも多いです。

子どもを連れて家を出るというのは、これから先どんな不安があるかわかりません。経済的にも子どものことも、そして自分自身の精神も不安なことだらけなことでしょう。それでも、家を出るほど辛い思いをしていたというのは事実です。

夫と直接やり取りすることを拒み、弁護士を通してやりとりが始まるわけですが、妻が伝えたいのは同居生活中の不満です。「同居生活中にこんなことがあって、あの時に深く傷つき、こんな言動が続き、一緒に住むことはできないから離婚したい」というその離婚理由の中には、どれだけ辛い思いをしてきたのか夫に知らしめたい、そして謝ってほしいという思いが含まれています。

女性は何年も前のことでも、心に深く傷を負うと何年も覚えているものです。例えば、妊娠出産の時に冷たくされた、家事を頼んだら断られたなど、夫にしてみたら些細なことかもしれません。ただ、妻にとっては決して些細なことではなく、徐々に不満が蓄積され飽和状態になった時に家を出るのです。もう無理と思うと、突然心のシャッターがパタンと閉められ心を開くことはなくなっていきます。

そして、夫への拒絶感から、夫と関わりたくないがゆえに子どもを会わせたくないという思考へ変わっていきます。自分の夫への負の感情と親子関係を混同し、夫婦と親子は別物だという正論は耳に入ることはなくなっていきます。

許してしまったら辛さや苦しさのやり場がなくなってしまうので、許せないのではなく許したくないのです。

## 未来を決めたがる夫

一方で、夫の方はどうでしょう。突然、妻が子どもを連れて家を出てしまったら、想定外のことに驚くと同時に怒りがこみ上げてきて、なんとか家に連れ戻そうとします。

そして、戻ってくることが難しい状況だとわかると、子どもと会うための策を練ります。
妻がなぜ家を出たのか、どんな思いだったのかという気持ちよりも、この先子どもと会える確約を取りたい、子どもを連れて家を出るような妻は親権者として相応しくない、自分の方が親権者に向いていると、あらゆる手段で情報収集に走り、臨戦態勢に入るようになります。

妻からの離婚理由を聞いても、「そのくらいことで離婚したいなんておかしい」「そんなことはしていないから妻は嘘をついている」と納得いかず、離婚による子どもへの心理面のダメージや子どもの福祉といった文献などを妻に読ませようとします。
そして、子どもと会わせることに後ろ向きな妻に対し不信が募り、離婚して親権を失ったら二度と子どもに会えなくなるのではないかという不安から、離婚を断固拒絶するのです。

さらには、「妻の感情」という得体の知れないものをどう扱っていいのかわからず、妻の気持ちをどうすることもできなくなると、今度は司法制度や社会が間違えていると社会に目を向けます。確かに、今の日本の司法制度や法律に課題は山積されていますが、妻の気持ちを置き去りにし、未来の社会を変えることに専念するのです。

## 時間軸のズレ

妻は過去、夫は未来。話し合いたい論点の時間軸がまったくもってズレています。そのズレを放置したまま、面会交流の頻度など取り決めをしようとしてもスムーズに行くはずがありません。

これはどちらが良い悪いというものではなく、お互いがこのズレに気づかず埋めようとしていないだけ。そして、当人同士で景色のズレをすり合わせるのは容易なことではないのです。

# なぜ会わせない？　妻の本音

## 5つのタイプの「会わせたくない」

離婚後も親子交流をしているのは約3割。その3割の中でも前向きに実施しているママもいれば、いやいや実施しているママも。残りの7割も、夫側が再婚して会わなくなるということもあれば、会わせたくないというママの一存で会わなくなっている親子もいます。

「離婚しても一緒に子育てできるような相手なら最初から離婚していないわ」「うちの旦那は他とは違うから一般論は通用しない」などと思われる人もいるでしょう。離婚するほどの相手ですから、これからも関わるかと思うとため息が出ることもありますよね。

では、この「会わせたくない」という妻の本音は、どのような感情から湧き出てくるものなのでしょう。分解してみると5つのタイプがあることが見えてきます。

## ①夫と関わりたくない

子どもと父親を交流させるつもりはあるけれど、それに伴い夫とやりとりをしなくてはならないことがストレスになるため、会わせることに後ろ向きになるパターンです。結婚生活中に高圧的な態度を取られたり、離婚に向けて争いになったりしたことから、今後やりとりしても揉めることが容易に想像されるため、これ以上関わりたくない！と防衛本能が働きます。

また、弁護士をつけていると離婚まで夫側とのやりとりを弁護士に任せていたがゆえに、離婚した後、弁護士解任した途端に直接やりとりをしなくてはならず、夫からの長文メールに恐怖や嫌悪感で返事もせずに無視をし、さらに何回もメールが届いて逃げたくなってしまうというスパイラルに陥ってしまいます。

逆に、夫とのやりとりさえストレスを軽減させてできるようになれば、一気に克服しやすくなります。

## ②夫へ罰を与えたい

「憎い夫を喜ばせたくない」「子どもと会えないことで辛い思いをさせてやりたい」といった夫に罰を与えるために会わせないという感情になる妻も。会わせないことで、今まで辛かったことへの仕返しになると思っています。

夫の両親へ子どもを会わせることも嫌います。なぜなら、夫に親孝行をさせたくないからです。頑なに会わせない妻に対し夫も黙ってはいられず、争いが激化し関係がより悪化していきます。

同居生活中の恨みや憎しみを消化できていない状態なので、過去の感情をひもとき、夫が歩み寄ることで徐々に快方に向かうことも。

## ③夫を信用できない

夫が想定外のことをしうるのではないか、子どもに危害を与えるのではないかといったリスクを感じ、会わせることに不安を感じているケースです。

夫への信用がないがゆえに、子どもを私が守らなくてはという使命感にかられています。

もちろん、同居中に暴力などがあった場合には父親と子どもだけで会わせることは慎重に行わなくてはなりませんし、適正な対応や夫の更生が必要です。

ただ、信用ができるようになるまで待つのは容易ではなく時間も要しますし、その間父子交流が途絶えます。

このような場合には、面会交流の際に、第三者による付き添い支援をつけるなどして、不安材料を取り除ける体制を整えることで、一歩踏み出せるきっかけができます。

## ④夫に懐かれたくない

子どもと父親が仲が良いことをわかっているがゆえに、子どもが父親に懐くことが面白くないので会わせたくないと思うケースです。

「会わせたら、子どもが父親の方に気持ちがなびいてしまうのではないか」といった不安があり、子どもをひとり占めするために会わせることを拒みます。子どもから父親の話題が出てきたらどうしようと、常に子どもの様子を伺って過ごしています。

ただ、母親として自信を持つこと、そして会えない方が子どもの父親へ対する思いが強くなることに気づくと会わせようと思えることも。

## ⑤子どものために忘れさせた方がいい

父親と中途半端に会い続けていると、子どもが余計に寂しい思いをしてしまうのではないか、いっそのこと会わない方が子どものためになるのではないか、と子どものためを思って会うことに制限した方がいいのか悩むケースです。

子どもにとって適正な面会交流の頻度などをネットなどで調べると「面会交流の相場は月1回2時間程度」と書いてある記事を見て、「えっ、こんな中途半端に会うことって子どものためになるのかしら」と不安になります。

また、面会交流をした後に帰り際に子どもが泣いたりすると、気持ちが不安定になることを危惧し、会わせることに後ろ向きになります。育児書などを熟読し子育てを忠実に真面目にしてきた母親のケースが多いですね。

「子どもが寂しいと思わないくらい沢山会わせていい」ということに気づくと、会わせる方向にすぐにシフトできるようになります。

## 離婚理由×会わせたくない感情の法則

子どもを会わせることに前向きな妻もいれば後ろ向きな妻もいます。そして、子どもに会いやすい夫もいれば会えていない夫もいます。多くのご相談を受けていくなかで、「離婚理由」と「会わせる会わせない」に一定の法則があることがわかりました。

先に、ベースとなる法則をお伝えしますね。それは、「夫が争わないスタンスを徹底し初期に謝る→妻は会わせる、争って謝らない→会わせない」です。

男性にとっては理不尽に感じますよね。なぜ、何も悪いことをしていないのに謝らなくてはいけないのかと。男性はロジカル、女性はエモーショナルな生き物。「あの日あの時のあの事を許せない、謝らなかったことがもっと許せない」と怒りや悲しみの感情が肥大化すると、ますます会わせることから足が遠のいていくのです。

さて、離婚理由と会わせたくない感情の関係性を見ていきましょう。

## 会わせる妻の離婚理由＝浮気・借金

会わせることに前向きな妻の離婚理由に多いのが「浮気」。意外かもしれませんが、明らかに夫が黒で証拠も取れている場合は、夫側は太刀打ちできませんから平謝りするしかありません。

最初は、汚らしい人に子どもを触れさせたくないという生理的な嫌悪感があり、関わらせたくない気持ちもよぎりますが、黒であることを認め、きちんと慰謝料も支払い、謝られると気が済み、夫への拒絶感や嫌悪感が比較的早期に消えていきます。

また、離婚後にその浮気相手と再婚などされたらたまったものではありません。自分より先に幸せになることなど許しがたいので、恋愛抑止のためにも面会交流を頻繁に行い、女性と過ごす時間を削らせようというしたたかな思いがあることも。それゆえ、面会交流に前向きになるというケースもあります。

ただし、浮気が理由だと明らかにわかっていても、いつまでも煮え切らなかったり、認めないままだったり、逆に開き直られたりすると、夫へ対する許せない気持ちが続き、会わせたくなくなることも。夫側は、別れる時には潔い謝罪と誠意が重要。

バレてしまっているのであれば言い訳などせず潔く謝った方が、その後の親同士の関係再構築の近道になります。

同様に、借金など夫に起因するトラブルでの離婚も、夫側が謝罪をしてくることにより妻の気が済むということも多いですね。金銭面では夫としてNGだけど、人としては悪い人ではないと、夫の人格そのものを否定することはなく、離婚して世帯を分けることで関係がよくなっていくこともあるのです。

番外編としては、もともと夫婦の関係が希薄でお互いに男女間の感情がなく、同居人のようになっていたり、相手をあてにしていないような冷え切っている夫婦は、性格の不一致というどちらかが黒ではない理由でも、会わせる会わせないなどの争いにもならず、事務的かつ自然体で二人で子育てが始まることも。

結婚生活中もすでに同じ屋根の下ではあるものの、親同士としての関わりしかしていないので、別居や離婚してもそのままの関係性を続ければよいのでトラブルなく始めることができます。

## 会わせたくない妻の離婚理由＝モラハラ

一方で、子どもに会えない夫と会わせたくない妻という夫婦の場合、ほぼ理由は「モラハラ」です。

夫と話し合いをしたくても高圧的に会話を遮られ、何ひとつ意向を汲んでもらえず、バカにされながら過ごす日々。段々話しても無駄だと自分から話すことを閉ざし、必要最低限の会話のみで関わらなくなっていきます。それでも、偉そうに振る舞う夫に何も言い返さずに耐え、ずっと我慢してきたわけですね。

そんなサインに気づくことのない夫へ見切りをつけ、子どもを連れて家を出るという別居へ踏み切るのです。その行動はストライキであり「私の辛さをわかって」というサインでもあります。

しかしながらモラハラ気質の夫は、想定外な妻の謀反を許せず、怒りで妻を支配しようとします。すると、妻はますます夫と関わることが怖くなり二度と関わりたくないので、離婚するために弁護士へ依頼して一切表に出てこず、コミュニケーションを取ることを拒絶するようになります。

モラハラは夫婦間の相対評価であり、一定基準がないがゆえに、妻から「モラハラ」と言われても、夫は自覚がないといったケースが多いです。となると、夫としてはまったく非がないのになぜモラハラと言われ謝らなくてはいけないのだと、さらに闘争モードになっていきます。

妻は「結局私の気持ちをわかってくれることはなかったのね」と見切りをつけ、子どもとの関わりも断絶させたいと思うようになるわけです。

ただ、モラハラだと言われた時に、夫自身に自覚がなかったとしても、「妻がそう感じたのであれば謝ろう」と初動で謝り争わずに歩み寄った場合は、妻の気が済み、だんだん拒絶感もほぐれていき、徐々に共同養育へ一歩踏み出すことができるのです。

もちろん、夫婦問題はでどちらか一方だけが悪いなんてことはありませんし、妻側にもなんらかの原因はあるでしょう。ただ、モラハラが原因と言われ離婚になった場合は、いかに拳を下ろし争わず、家を出るほどに辛かったであろう妻の気持ちを理解しようとすることが前向きに転向するきっかけとなります。

## 「北風と太陽」北風の夫を太陽にさせるには

「子どもを夫に会わせたくない妻 vs 子どもに会いたい夫」の気持ちのズレがわかったところで、本題に戻ります。離婚しても子どもが両親からの愛情を受け続けるためにすべきことはどのようなことでしょうか。

「子どものため」が最終的な着地点として、その前の段階で初動ですべきこと、実は、夫と妻でまったく違うんです。

## 夫がすることは「妻の気持ちに歩み寄ること」

今まで読んできて、一番先にすることは何だと思いますか。妻を無理やり連れ戻そうとすることでしょうか。子どもと会うための主張をすることでしょうか。離婚しないように凄腕弁護士に依頼することでしょうか。

多くのご相談を受けてきたなかで快方に向かうケースの共通項があります。それは「争わずに妻の気持ちに歩み寄ること」。妻の不満がわからなかったとしても、家を出るほどに辛かったであろう気持ちを理解しようとすることです。過去をふり返り、至らなかったことがあったのであれば真っ先に謝ればよいのです。初動で歩み寄りをすることで、家を出た妻の気持ちがほぐれ、夫への拒絶感や警戒心が徐々にゆるまっていくでしょう。

そして、妻を責めたり追い詰めたりせずに少し心が落ち着くのを待つのもひとつです。そうすれば、妻が子どもの気持ちを考える余裕も生まれ、歩み寄った夫を許すことができ、「子どもも父親と会いたがっているし会わせるようにしよう」と、会うことに前向きになっていくのです。

なかには、弁護士から「謝ると不利になる」と言われることもあるようです。裁判の場は勝敗ですから、不利な条件を自ら提示したら負けてしまいますものね。ただ、夫婦や家族を勝ち負けで裁いた先にどんな未来があるのでしょう。

また、どうしても妻が離婚をしたい意思が固い場合は、子どもと会えるようになったら離婚に応じるのもひとつです。今まで自分の意向を受け入れることのなかった夫が、こんな大きな人生の決断を受け入れてくれたということは、妻の気持ちがほぐれる大きな要素となります。

いつまでも別居を長引かせていたり、係争が長引いている人ほど子どもと会えなくなっているのを多くのご相談を受けていて実感しています。逆に、早いうちに争うことを手放している人の方が、親同士の関係再構築を果たし、結果として子どもとも早く会えるようになっていっています。

自分は悪くないのに、なぜ妻に歩み寄らなくてはいけないのかと納得いかない人もいるでしょう。突然起きた惨事に憤りや悲しみでいっぱいな気持ちもわかります。そして、争うことを手放すのはとても勇気のいることですが、正対すべきは「妻」。そして「自分」。夫婦で争っても仕方がありません。

法的手段などを使わなくても、妻の気持ちさえほぐすことができれば、たとえ離婚になったとしても、親同士としての関係を築くことができるのです。

まさに「北風と太陽」。強い風で攻め込むと余計に頑なになりますが、暖かく穏やかにしていたら、妻は自ら心のコートを脱ぎ出します。大事なのは妻を責めるのではなく、自分の問題として自身と向き合うこと。そして、親同士として関わってもいいと思える相手になること。子どもとの親子関係を維持するというゴールのためには、妻がほぐれることが結果として近道なのです。

## 妻がすること① 「夫婦の感情と親子関係を切り離すこと」

一方で、妻がすべきことは、夫への感情は横に置いて、子どもの気持ちを真摯に考えてみること。突然父親と断絶されたらどんな気分だろうと。自分が子どもだったらと置き換えて考えてみましょう。

夫との関係を避け続けていることは、同時に子どもからも逃げていることになります。愛する子どもを自分の手で苦しめてしまうのは自分自身も辛いこと。離婚のダメージを子どもにできるだけ与えないためにも、子どもへ両親から愛情が受けられる環境を整えていくことが大切です。


そして、親権を持つということがどのようなことを意味するのか、少し先を想像してみましょう。離婚後に子どもと父親の架け橋となる役割を担うことになります。子どもが小さくて父親と直接やりとりができない場合は、架け橋になれる唯一無二の存在なんですよね。

親権は〝親の権利〟と書きますが、むしろ親の義務や責任と捉えるものなのですね。親権を持つと、子どもは自分のもので、ついイニシアチブを持てると思いがちですが、決して特権ではなく、子どもと父親の架け橋となる大きな責務があるということも認識しておくようにしましょう。

## 妻がすること②「夫の不安を取り除くこと」

夫がすることに「妻の気持ちに歩み寄ること」と書きましたが、一度拳を挙げた夫にとってはなかなかハードルの高いこと。

夫がなぜ争い追い詰めてくるのか、それは「不安」だからです。今後、子どもと会えなくなってしまうのではないかという不安が怒りになり、会えるために妻を説得しようとし拳を上げているのです。

だとしたら、妻が父子の交流について拒絶していない姿勢を率先して見せていけば、夫も徐々に拳をおろしていくのではないでしょうか。

「夫と関わることが怖いので率先してなんて無理」という思いがあるかもしれません。ただ、妻が子どもと会うことを遮ることがなく、安定して会えることがわかれば、不安が払拭されて夫の対応もみるみる穏やかになってくるでしょう。

夫が責めてこなくなれば、気持ちがほぐれて子どものことを考える余裕が生まれてきますよね。そうすれば、結果して子どものためにもなるのです。

また、もし離婚を望んでいるのであれば、子どもと会えることに安心できれば夫も応じやすくなるでしょう。

「夫が争わなければ妻が拒まなくなる」「妻が拒まなければ夫は争わなくなる」。まるで鶏と卵ですね。夫と妻の気持ちは双方向で効果をもたらすのです。

「自分が譲歩しても相手が変わらないのでは？」と、相手を不信に思い、一歩踏み出せないこともあるかもしれません。

　どちらが先に手を差し伸べるか？　気づいた方が、そしてご自身が早く楽になりたいと思った方が始めればよいことです。

　とはいえ、夫も妻も感情と行動を分けることは簡単ではありません。妻にとっては同居生活中からずっといや

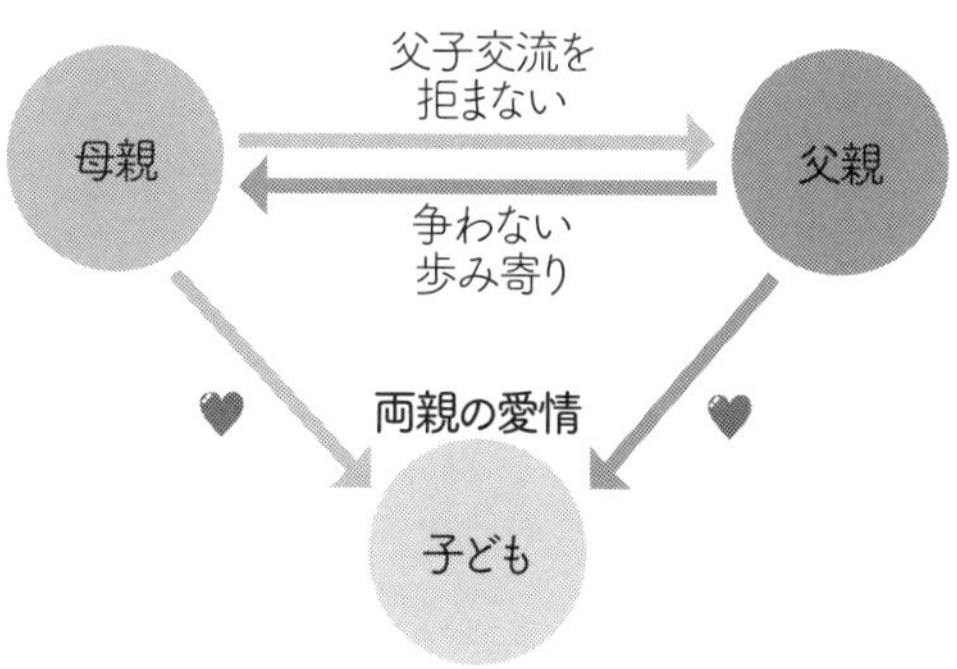
父子交流を
拒まない
母親
父親
争わない
歩み寄り
両親の愛情
子ども

だと思っていた夫、そして夫にとってはある日突然子どもを連れて家を出た妻、それぞれ相手のことを許せない気持ちもありますよね。

このような時は、辛さや憤りの気持ちを共感しながら気持ちの面での行き違いを交通整理をする第三者を頼るのも有効です。ご自身の気持ちが疲弊してしまわないように。

# 「子どものため」に押しつぶされそうなあなたへ

## 「子どものため」という正論

「子どもファースト」という言葉、よく聞きませんか。もちろん、かけがえのない愛する子どもが親の都合で悲しい思いをすることは断じてあってはならないことです。離婚は、言ってみれば親の勝手。子どもを巻き込んだり、子どもの気持ちにダメージを与えてはなりません。親は大人であり、子どもを守ることが親としての責任です。これらはすべて正論です。

正しいことを正しくできるに越したことない、そんなこともわかっているんです。それでも子どものためとわかっていても、どうにもできない感情が湧き出てしまうことだってあります。親だって人間ですから。

例えば、「夫に子どもを会わせたくない」。これは正論で考えれば完全にアウトですよね。自分の感情と親子関係を完全に混同しています。ただ、この湧き出てきてしまう感情は仕方ないと思うんです。だって、離婚するほどいやな夫なのですから関わりたくないのは当然のこと。

いやだと思う気持ちを真っ向から正論で「間違えている。親として失格だ」と言われたらどう思いますか。きっと、やり場のない気持ちから誰かを責めたり誰かのせいにしたくなるものです。また、「子どもがいやがってるから子どものために会わせないのです」とより頑なになっていくことも。さらに一番よくないのは、子どもへ矛先が向き、やり場のない感情でつい子どもに当たってしまうことです。

だったら、いやだと思う気持ちはそのまま持ち続けたらいいのです。そして、その気持ちをまず自分自身で「いいんだよ」と許してあげること。感情だから仕方ない。ありのままの自分を認めてあげる事から作業は始まります。

## 感情はそのままでいい　行動を切り分ければいい

そのうえで、「さて、この感情のまま行動に移すとどうなるか」を考えることは大切。「会わせたくないから会わせない」をすると子どもはどんな気持ちになるのか、自分と夫との関係はどうなるか、自分自身の気持ちは会わせないことで本当に楽になるのか、そんなことを少し先を見据えて考えてみるとよいでしょう。

書き出してみるのもいいですね。すると、湧き出る感情と行動を切り分けることができるのではないでしょうか。

「子どもの気持ちを第一に」という思いに押しつぶされてしまう前に、ちょっと息抜きをしながら……。離婚でただでさえ傷ついている自分の心を外部の正論から守りつつ、そんな気持ちを受け入れる第三者の誰かがいてくれると、共同養育に前向きになれる第一歩になるのかもしれません。

この本でもいわゆる「正論」を書いている箇所もあります。正しいことをベースに知っておきながら、ご自身の湧き上がる感情と上手に折り合いをつけながら、共同養育を実践できる方法を見つけていけるといいですね。

# 第4章

# 新常識！
# 離婚しても育児を分担
# 「共同養育」

# 離婚しても元夫婦で子育て?!

離婚してやっと縁が切れると思っている矢先に、離婚するほどの相手と離婚後に子育てをするだなんてと、難色を示す人も多いかもしれません。離婚しても子どもと父親の関係は続く、つまりは離婚しても親同士としての関係も続いていくということって、なかなか普段生活していて知る機会がないですよね。

「離婚をしても子どもにとって親はふたり」は理解したものの、両親で子育てするとどのような良いことがあるのでしょうか。

## 離婚しても両親で子育て＝「共同養育」

「共同養育」という言葉、聞かれたことありますか。日常生活では聞き慣れない言葉ですよね。「共同養育」の定義は、離婚後も両親が子育てに関わること。実にシンプルです。

どのくらい交流をしてどのような育児をすると共同養育になるのかというのはご家庭によって違います。

海外では、年の半分ずつパパの家ママの家で過ごすといった完全に時間を折半するような共同養育を実践しているご家庭も多いですね。日本では、直接会うのは月に1、2回だけど、それ以外の時間に写真や動画などで成長を共有するといったような共同養育をしているご家庭も見受けられます。

もちろん会う頻度や時間が多いに越したことはありませんが、何回以上、何時間以上といった数値で表せるものよりも、共同養育するうえで親の心得として大事なことがあります。

それは「子どもが両親の顔色を見ずに素直にきもちを発言でき自由に行き来できる環境を両親が整えること」です。たとえ高い頻度で会っていたとしても、子どもが行き来する際に両親が険しい顔をして一言も口を聞かなかったり、自宅で相手のことを詮索したり子どもに相手の悪口を言ったりするのでは、子どもが気を使う場面が増えてしまいます。

一方で、たとえ頻度は少なかったとしても、家でパパママの話がタブーにならず行き来することを快く送り出してあげられる方が子どもにとっては両親から愛されていることを実感することができますよね。

このように、共同養育に大事なことは、「両親の顔色を見ずに子どもが自由に発言でき行き来できる環境をお互いがつくる」これに尽きるのです。

## ひとり親より、ふたり親がアリな理由

「離婚するとひとり親」から「離婚してもふたり親」に変わるとどんな変化が起きるのでしょうか。

## 「離婚するとひとり親」によるバッドサイクル

離婚した後は親はひとりであり、ひとりで育てるのがあたり前、親子関係も途絶えることが当たり前となると、「子どもに会いたい親 vs 会わせたくない親」という対立構造が生まれ、親同士の争いが深まります。

面会交流の頻度などでもめて調停や裁判になると年単位の長期戦になり、気がついたら別居前よりも関係はさらに悪化し泥沼化。親同士としての関係など築くことが別居前以上に困難となってしまいます。

または「会わせたい親 vs 会わなくていい親」という逆パターンの対立構造も起きます。「ひとりで育てるのが当たり前だから、あとはよろしくね」といなくなる父親も少なくありません。現在、養育費の支払い率は2割程度。子どもに会わないことで父親としての自覚やモチベーションが下がり、養育費を払わない親も増えてしまいます。

これらにより、最終的に被害を受けるのは子ども。どんな父親であっても愛されることで子どもは満たされますが、愛される機会すら失ってしまうのです。

妻にとっては元夫としても父親としても最低だったとしても、子どもがどう思っているかは別物。子どもが自分の目で父親を見てどんな人かを知る機会をつくってみたらいいのです。

また、子どもは成長するにつれ、「母親のせいで父親を奪われた」と、母親を恨むようになることもあります。

このように、「離婚するとひとり親」という価値観は、子どもが父親を知る機会を奪ってしまう負のサイクルを招きます。

## 「離婚してもふたり親」によるグッドサイクル

一方で、「離婚してもふたり親」が当たり前になると、別れた後も親子関係が続くのが当たり前、そして、夫婦関係が解消した後に親同士としての関わりが続いていくことも当たり前で離婚後の生活がスタートします。

「会わせる・会わせない・会わない・会わせたくない」といった親の感情による選択肢はなくなり、私欲抜きで子どもをふたりで育てる前提のもと、共同養育をしやすくなります。

当然、離婚するほどの夫婦ですから、スムーズに共同養育を行うには悩みが絶えないことも想像できますが、その悩みが「会うか会わないか」ではなく、「会う前提でどうやって会っていくのがよいか」という一歩前進した悩みになっていきます。

ふたりで育てることが当たり前になれば、相手と争っても仕方ないですし、恨みつらみを持ち続けても自分が疲弊するだけ。となれば、親同士の関係を築くことへパワーが注がれ無駄な争いも減ります。

これらにより恩恵を受けるのは子どもです。子どもたちは、親が離婚しても両親から愛され続け、両親が争っている姿を見なくて済みますので、離婚によるダメージが最低限で済みます。

また、離婚しても争わずに親同士として関わる親の姿を見て育つことで、「離婚しても親子関係は変わらない」という価値観のもと、大人になった時に家族をつくることをポジティブに捉えられるようになるかもしれません。

## 「離婚するとひとり親」から「離婚してもふたり親」へ変化するレバレッジポイント

離婚してもふたり親の方がよいことはわかりました。ではどうすれば変わっていくのか、それは「固定概念の払拭」なのですね。価値観を変えることは決して簡単なことではありませんし、国が変えていくのを待っていては何年先になるかわかりません。

シングルマザーのママ友が共同養育を実践して楽しそうに暮らしていたら、その周囲にいる離婚を考えているママも影

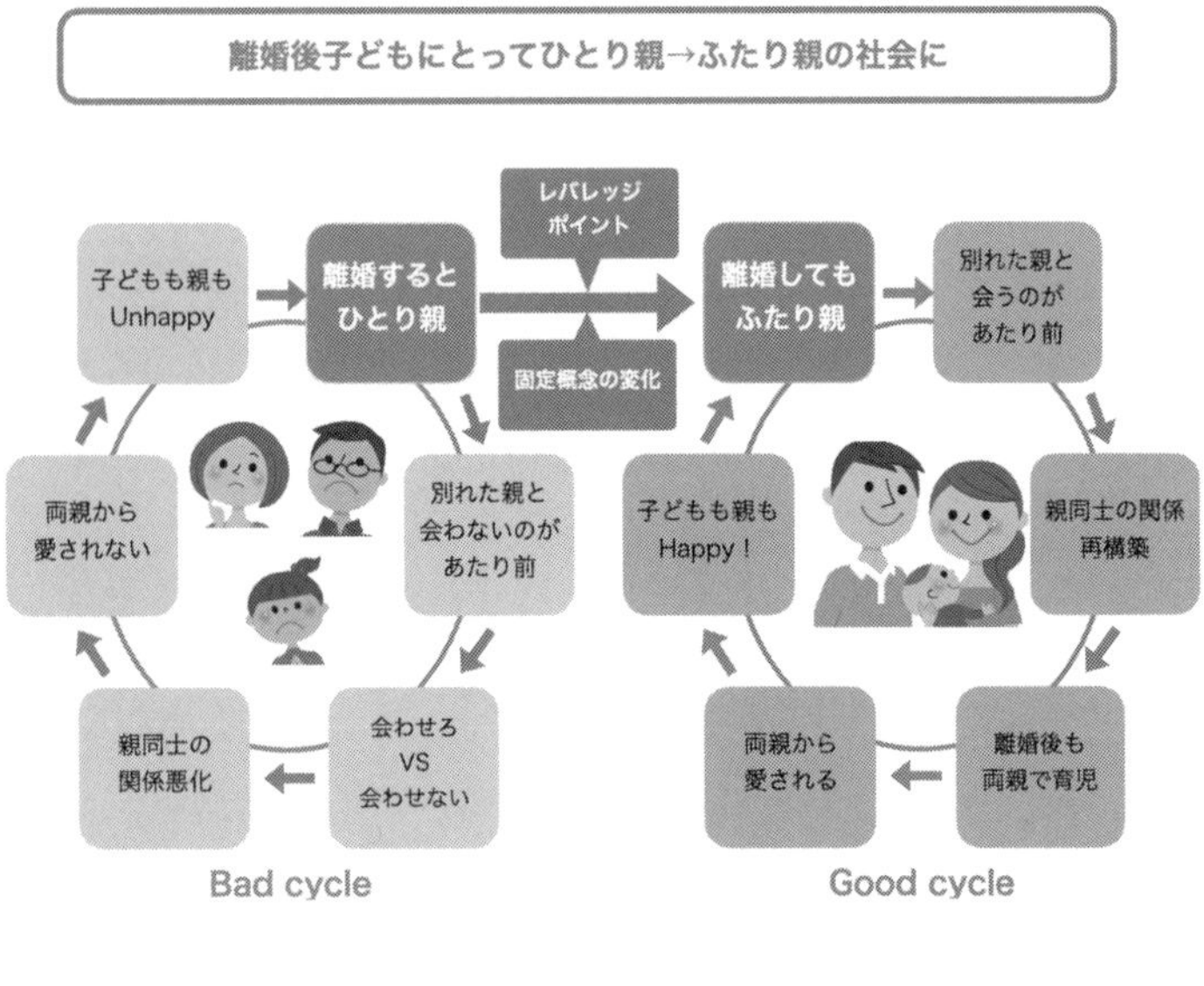

離婚後子どもにとってひとり親→ふたり親の社会に
レバレッジポイント
固定概念の変化
子どもも親もUnhappy
離婚するとひとり親
別れた親と会わないのがあたり前
会わせろ VS 会わせない
親同士の関係悪化
両親から愛されない
Bad cycle
離婚してもふたり親
別れた親と会うのがあたり前
親同士の関係再構築
離婚後も両親で育児
両親から愛される
子どもも親もHappy!
Good cycle

響を受けて自分も共同養育しようと思いますよね。同様に、共同養育を実践しているママが増えれば増えるほど、その周囲にもインフルエンスしていき、結果として共同養育しているママが増えれば、固定概念も変化していくと考えます。

「共同養育ってアリだよね」という声が今後も増えていき厚みを増すことで、自分たちで社会の当たり前を変えていくことができるのです。

## 共同養育はメリットだらけ

離婚後も両親で子育てをする共同養育は、子どもにとっても親にとってもメリットがたくさんあります。ひとつずつ見ていきましょう。

## 子どもにとってのメリット

### ●両親からの愛情を変わらず受け続ける

子どもにとっては、何より両親からの愛情を変わらず受け続けることができることは大きなメリットです。離婚したことが自分のせいではない、変わらず愛されていることを認識できることで親の離婚のダメージを最低限に抑えることができます。

子どもと同居中にあまり父子関係がよくなかった場合も同様です。離れた後に父親からの愛情を感じることで自分のことを嫌いだったのではない、愛されているという自信になりますね。

また、個人差もありますが、親子関係を途絶えさせてしまうことで、自己肯定感や他者信頼感が低くなりやすく、学校生活でも不登校やいじめなどのトラブルになりやすい傾向があるともいわれています。子どもの心をいかに安定させてあげられるかは、両親が関わり続けることと大きな関係があると言えますね。

### ●性別の違う親ならではの体験

男親と女親、それぞれと関わることで様々な経験をする機会も増えます。例えば、外遊びが苦手で日焼けを避ける母親にとっては、公園遊びや海水浴などをつい敬遠しがち。そんな時は父親の出番です。外で鬼ごっこをしたり肩車をしたり、海やプールで遊んだり、アウトドアをしたり、体力を使うような経験は父親から得られることも多いですね。また、両親それぞれの得意分野で補完し合うことで、子どもの成長を促すのであれば分担するに越したことはありません。

また、ずっと母親と一緒に暮らしていく中で、母親とソリが合わずに揉めたり、時に親子ゲンカをすることもあるでしょう。そんな時も、父親という気持ちの面での逃げ場がひとつあることは子どもにとって心の拠り所となります。いわば、駆け込み寺的な存在としても、子どもにとっては大切な居場所になるでしょう。そして、気持ちが落ち着いたらまた母親と平常の暮らしをしていけばよいのです。

いつも母親とふたりだけで過ごす日常よりも刺激もあるでしょうし、何より子どもが新たな体験や楽しい時間を過ごすことは、健やかな成長を促す大事な機会になります。父親から教えてもらう経験は習い事では穴埋めできるものではないですものね。

### ●親の話がタブーにならない

学校生活において、学校行事など親が登場する場面はたくさんあります。また、友達同士でも親の話をすることもあるでしょう。そのような時に、離婚していても父親と交流があれば、父親の話を友達と対等に話すことができますし、負い目を感じる必要もありません。

また、子ども同士でわざわざ親が離婚しているかどうかは話題にならないものです。もし、子どもが親の離婚を知られたくない場合でも、父親の話題を出せることで離婚していることが露呈されずに済むというメリットもあります。

### ●自分のルーツをたどれる

父親にずっと会えていないと、子どもは大きくなるにつれ、「自分の父親はどんな人なんだろう」「自分も父親に似ているのかな」「どこにいるんだろう」「会ってみたい」

など思う時が必ず来るでしょう。継続的に会い続けていれば自分のルーツを知ることができ、アイデンティティの確立にもつながります。

## 親にとってのメリット

### ●自由な時間

仕事や育児家事と忙殺される日々。たまにはひとりでのんびりお茶でも飲んで息抜きしたい！　シングルマザーはひとりの時間をつくることが容易ではありません。そんな時、子どもが父親と過ごす時間があれば、その間自由な時間ができるので気分転換することもできます。

自由な時間を手に入れられれば、気分転換だけではなく、資格を取ったりやりたかったことを自己実現する時間もできます。スキルアップを目指すのであれば同時に収入アップも望めて一石二鳥です。

## ●育児の分担

習い事の送迎、学校の保護者会、さらにはPTAの担当などを分担できるようになると、日常の育児の負担が劇的に軽減できます。マメに連絡を取ったり、自分の生活圏に入ってくることにザワつくこともあるかもしれませんが、「元夫とは育児分担する親同士」と割り切ってしまえば、自分自身の負担も減り、元夫は育児に関わることができ、そして何より子どもは日常的に父親を感じることができるというみんなにメリットが。週末に遊ぶだけではなく、もう一歩踏み込んだ育児を分担するのもアリです。

## ●経済的サポート

面会交流を行っている方が養育費の支払い率が高いというデータがあります。また、例えば、面会交流で旅行へ行ったり、遊園地へ遊びに行ったりすることで、夫側の費用負担で日頃連れて行ってあげられないような経験を子どもにさせてあげられることができます。

面会交流をしている方が、子どもに何かしてあげたいというモチベーションが上がる傾向にあるので、自転車などプレゼントも養育費以外で負担してくれるかもしれません。

夫側の祖父母や親戚なども変わらず交流があれば、お誕生日やクリスマス、入学時のお祝いなども継続してもらうことができるメリットも。養育費以外の恩恵を受けることもできます。

## ●自分がもしもという時のために

自分が健康なうちは「私が子どもを育てるから大丈夫」と思っていても、いつどこで病気や不慮の事故に巻き込まれるかはわかりません。そんな時、愛する子どもが路頭に迷わないために、子どもが頼れる状況にしておくことも大切ですね。自分にもしものことがあった時、子どもと父親が10年振りの再会でギクシャク…なんてことにならないためにも、定期的に交流をしておくことが大切です。

もしも一度元夫との関係が途切れてしまったとしても、やりとりを再開するもしないも自分次第。今更連絡するなんてストレスになる、相手がどんな対応するかわからないから怖い、もう嫌な思いをしたくない、といった思いになることもありますよね。

ただ、自分の身に何かがあった後では手遅れです。最低限でも連絡を取り合えるよう連絡先の確認も含め、やりとりできる関係を作っておくことが子どものためにもリスクヘッジになります。案外、元夫も自分から連絡取れなくて待っているかもしれません。

## 社会の課題解決としてのメリット

ここ最近、児童虐待やネグレクトなどが問題とされていますが、なかでもシングルマザーやそのパートナーによる事件が頻発しています。パートナーによる虐待から母親は子どもを守りきれずに子どもが亡くなってしまうという悲しいニュースもありました。共同養育を行うことでもうひとりの親の目があることで、虐待の抑制ないしは予防になり、また、子どもにとっても今の生活に困難や恐怖を感じた時に逃げ場となることができます。

また、ひとりで育てると、どうしても子どもが留守番する機会が増えていきます。食事をひとり

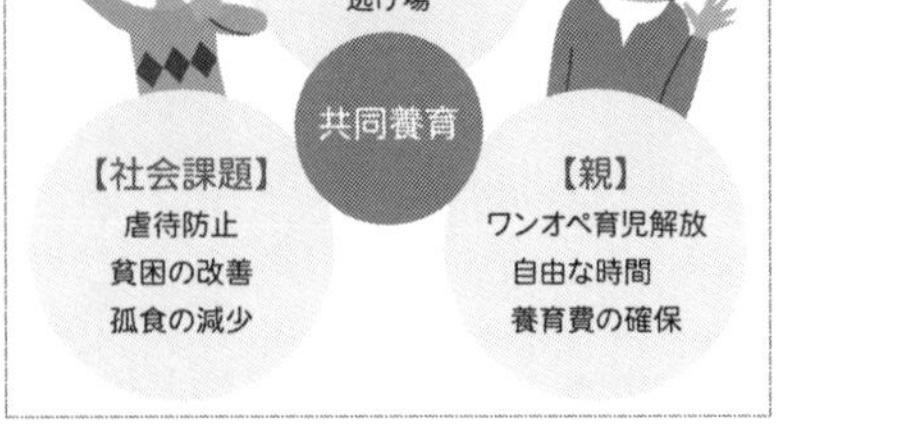
共同養育のメリット
子どもにも親にもいいことがたくさん！
【子ども】
両親からの愛情
さまざまな経験
逃げ場
共同養育
【社会課題】
虐待防止
貧困の改善
孤食の減少
【親】
ワンオペ育児解放
自由な時間
養育費の確保

で取らなくはならない機会も増えるでしょう。特に夏休みなど長期休暇は丸一日ひとりで留守番ということも。最近では子ども食堂などで子どもの孤食を防ぐ対策が各地域で行われていますが、共同養育ができていれば、子どもの孤食やひとりで過ごす時間を軽減することもできます。

# 共同養育実践に向けた適切な面会交流の頻度

## 情報過多になりがちなネット情報

ネットなどで面会交流の頻度を検索すると「月1回2時間が相場」と出てくることもあれば、共同養育と検索をすると、年の半分ずつ子どもが行き来するなど、さまざまな情報を目にして何が一体正解なのかわからなくなりませんか。

元夫と関わりたくない思いが強いと月1回2時間ですら後ろ向きになりがちですし、前向きな場合は「月1回2時間じゃ何もできないしもっと交流させてあげたい」と思うでしょう。また、年の半分ずつとなると、子どもにとって負担になるのでは？　荷物はどうするの？　近くに住むの？　など、いろいろ疑問が湧き出てきますよね。

## 感情抜きで子どもが寂しがらない頻度

ここで大事なのは、母親の元夫へ対する嫌悪感などの感情だけで頻度を決めないこと。どのくらいの頻度で会えたら、子どもが寂しがらずに次回会うことを楽しみに思えるか、気持ちが安定するかを考えてみましょう。

また、「子どもが悲しがるからいっそ会わせない方がいいのではないか」と悩むママもいますが、そんなことは決してありません。もし、子どもが父親と離れる時に不安になって泣き出したりするのであれば、「次回はいついつよ。またすぐパパに会えるよ」となるべく早い時期を提示してあげれば子どもも徐々に安定していくでしょう。

次がいつ会えるか不安なのは父親のみならず子どもも一緒です。子どもが不安にならないように、むしろいっぱい会わせるようにすることでママの不安も払拭されます。

## 母親が疲弊しない程度に

子どもが小さい場合は、送迎など母親がサポートする出番も多くなります。仕事をしながら父親と会う際の送迎なども行うとなると、あまり無理しすぎずに物理的に実現可能な頻度を建設的に考えていくことも必要です。大事なのは安定しながら継続していくこと。

例えば、週末習い事をするようになることもあるでしょう。そこで毎週末会うとなると物理的に難しくなってきます。そんな時には、習い事の送迎を父親に担当してもらうなど、日常の一部を分担してもらうのもひとつの方法ですね。

また、頻度が高く時間が短いと、結局待機しているだけで気分的に休まらない日が続きます。であれば、時間を長めにとって頻度を調整するなど、面会交流の間に自分自身がどのように過ごすかも想定しながら決めていくとよいでしょう。

毎週末宿泊となると、ママにとって週末に一緒に過ごす時間がなくなるのと同時に、パパとしても平日は仕事で休日は全て育児となり、ひとりでゆっくり過ごしたい週末も出てくるかもしれません。

子どもが寂しがらない頻度を前提に、お互いがんばり過ぎない落とし所を見つけていくことが大事ですね。

# 共同養育に前向きになれる方法

## 「子どものため」はわかっているけど…

「親の都合で別居や離婚をしたのだから、子どもには迷惑かけてはいけない」。愛するわが子を苦しめたい母親などいませんから、誰しも頭では理解できること。にもかかわらず、父親を会わせることに後ろ向きになってしまうのは、元夫と関わることが困難だからだという人も多いでしょう。

　または元夫へ信頼がないので子どもを会わせるのが心配と思う人もいるかもしれません。もちろん、子どもの心身に危害を加える父親であれば適切な対応が必要ですし、父親側の更生も必須です。

「子どものために面会交流をするべき」ということは理解していても、それができないから苦しんでいて、「子どものため」「親なんだから」と頭ごなしに正論を言われることで、その言葉に潰されていってしまうことも少なくありません。


　このような「子どものため」に苦しくなってしまう場合は、「自分のため」と発想を変えてみるのもひとつです。自分にとってベネフィットがあれば一歩踏み出せるかもしれません。この「自分のため」とは、どのようなことなのか挙げていってみましょう。

## ストレスな存在を乗り越える

　そもそも元夫という存在と関わることがストレスな人も多いはず。離婚後、関わりたくないがゆえ、面会交流を行わずに避け続けてしまいがち。ところが、避け続けてもストレスがなくなるどころか、夫から「会わせろ」と追い詰められるような日々が続き、せっかく離婚したのに夫の呪縛から逃れられなくなってしまいます。

この状況を打破するには、実は、そのストレスの根源である元夫と正対して存在を乗り越えてしまうこと。もちろん、元夫側も穏やかに接する努力が必須ですが、こちらが自発的に連絡をしたら、最初はヒートアップしていた元夫も段々変わってきて「ありがとう」と連絡が来ることもありえます。

逃げ続けても楽になれないので、いっそのこと向き合って「自分にとってストレスな存在をなくす」という逆の発想を取り入れると楽になれるかもしれません。

## 自分へのご褒美の時間に

面会交流も1、2時間だとあっという間に戻って来てしまい、気分的に落ち着かずに待機の時間になってしまいますが、思い切って長時間にすれば、フリーの時間をゆっくり満喫できます。美容院に行ったり映画を見たり、自分へのご褒美としてリフレッシュする時間を手に入れることができます。

さらに宿泊の面会交流を実施すれば、飲みにも行けるし旅行にだって行けます。第二の人生に向けてあらたなパートナー探しやデートに充ててもよいでしょう。

信頼できない相手に子どもを預けている間にリフレッシュなんて……という想いになるかもしれませんが、試しにやってみると案外ひとりの時間を満喫できて、次はもう少し長い時間にしてほしいと思えるようになるかもしれません。

## お得感

託児施設などに預けると費用がかかりますが、面会交流はもちろん費用がかかりません。当然延長料などありませんし、長時間にすればするほど子どもは父親との交流時間が増え、自分自身は自由な時間が増えます。

さらには、面会交流中に子どもがほしいものを買ってもらったり、美味しいものを食べさせてもらったりすれば、経済的にも助かるし子どもも喜びます。

元夫を「頼る」と思うとなかなか踏み出せませんが、心の中で「活用する」と割り切ってみるのもひとつです。もちろん、元夫を不快にさせないように「子どもが会いたがっている」と上手に伝える配慮も大事なポイントです。

## 外に目を向ける

夫への拒絶感があるうちは、嫌だからこそ意識をしてしまい、頭の中に夫の存在が占めている比重が大きいため、常にストレスになっていきます。ところが、離婚も落ち着き、趣味を再開したり仕事に没頭したり、さらにはあらたなパートナーと付き合い出したりすると、夫への拒絶感が脳内を占める割合が減り、夫の存在が気にならなくなっていきます。

また、気分転換する時間を取り入れるのもひとつです。離婚直後は、「夫のことが憂鬱でとても気分転換する気になれない」という思いになりやすいので、意識的に時間を決めて実践するとよいでしょう。

取り入れやすく気分転換もしやすいのはウォーキングやランニング。離婚の渦中には視界に入ってこなかったような草花を愛でる余裕が出てくると、「夫のストレスで人生費やすのはもったいない」と思えるようになったりするものです。

元夫の存在が自分の人生の中で小さくなればなるほど過剰に反応することもなくなり、負の感情を持ち続けることをバカバカしく思え、前向きになっていきやすくなります。

## 結果して子どものためになる

「子どものため」という正論に拒絶反応が起きてしまう場合は、最初は「自分のため」と思いながら面会交流を進めていってもいいのです。子どもは父親と会える機会が増え、元夫も子育てをもっとサポートしたいという気持ちが強くなり、結果して「子どものため」になりますから。


最初から無理して、「子どものために面会交流を頑張らなくてはいけない」と優等生ママになることを意気込んだり、逆に「会わせたくないから会わせない」と頑なに拒絶したりするよりは、まずは、肩の力を抜いて、自分にメリットを感じながら進めていくことで徐々に子どものためにと思えるようになればよいのではないでしょうか。

そして少しずつでも前向きな気持ちになれた自分を褒めてあげてくださいね。

## ワンポイントアドバイス

**Q　今まで会わせていなかったので、今更手遅れではないですか**

**A　気づいた時が最速。手遅れとは気づいた時にやらないこと**

今まで子どもに父親を会わせていないと、今更父親のことを話題に出すことに躊躇してしまうかもしれません。ただ、子どもは自分から口火を切って父親の話をしてはいけないと思っているでしょう。なぜならあなたが嫌な思いをすると思っているからです。

元夫さんへの連絡手段があるのであれば、まず会ってもらえるように確認し、その後お子さんに伝えてみてはいかがでしょう。「パパが会いたいって言っているよ」と伝えてあげたら戸惑いながらもきっと喜びますよ。パパが会いたいと思っていることもですが、ママからパパの話が出たことも嬉しいのではないでしょうか。

もし、元夫さんと連絡がつかない場合でも、「パパに会えるといいなと思って今連絡先を探しているの」と笑顔で伝えてあげたらいいですね。パパの話をママの前でしていいんだと思えることはお子さんにとって、とても気持ちが楽になるでしょう。その後、パパの話をいろいろしてあげましょう。
そして、これを期に父親を本気で探してお子さんと会えるようにしてあげられると良いですね。生きているからこそ会えるわけですから早いに越したことはありません。

**Q　今まで育児をしてこなかったのにいきなり父親づらしてくるのが嫌でたまらないのです**

**A　今までの分も父親として関わってもらう**

同居生活中は育児から何から全部妻に任せっきりだったのに、離婚になった途端に子どもとの面会交流を求めてきたりすると理不尽に感じるものですよね。本当に子どものことを考えているんじゃなくて権利主張したいだけなんじゃないの？　と疑いたくもなるものです。

ただ、子どもにとってはどうでしょう。今までは週末も寝ていて子どもと遊んだりどこかへ連れて行ってくれなかったような父親が、離婚をきっかけに父親として子どもと関わろうとしているのであれば、子どもにとっては嬉しいことなのではないでしょうか。今まで遊んでもらえなかった分、思う存分父親と遊ぶ機会を離婚した後つくっても遅くはありません。

何を今更と気分が悪くなるかもしれませんが、これはある意味「離婚の産物」。離婚したことで父性が芽生えたなら、離婚後一生懸命育児に勤しんでもらいましょう。面会交流の頻度も多めにして、どれだけ育児が大変かを知ってもらうよい機会にしてはいかがでしょうか。

そして、その父親としてのモチベーションを保ち続けてもらうためにも、嫌な夫ではありながらも、父親としてのやる気を削がないよう細かく指導はせずに、ある程度のことは目をつむり大目に見てあげることも大事ですね。夫側からヘルプが来るまではお任せしてみるのもよいかもしれません。

ここで、意地になって「今まで父親らしいことをしていないのだから今後も会わせない」ではなく、「これから父親として頑張ってね」とエールを送り、面会交流の時間はひとりの時間を楽しみましょう。

## 共同養育で育った子どもの声

私の両親は７歳の頃に別居、その後離婚しました。離婚を告げられた夜は、わんわん泣きました。両親の申し訳なさそうな顔は脳裏に焼き付いています。

離婚後も週１回は父親が住む家に泊まりに行き、家族で仲良く外食に行くこともあったし、運動会などの行事も両親揃って来てくれました。父親が家にいない寂しさがまったくなかったと言えば嘘になりますが、家族全員が幸せでいるための最善の方法が、共同養育だったと思います。

もし、両親が離婚せずとも家で喧嘩していたり、お互いを悪く言うことがあれば、私はどちらかの顔を伺って、一方の親を無意味に嫌っていたかもしれません。けれど両親は相手の悪口や責める言葉は決して言いませんでした。

父も母も、子どもがフラットな感情で居られるように努力し続けてくれていたのだと今は分かります。私が、父も母も好きでいられるのは、他でもなく両親のおかげです。

共同養育を実践してくれた両親には心から感謝しています。離れていながらも、両親の愛情をしっかり受けた私は、共同養育の必要性を深く感じています。（23歳女性）

# 第5章
# 夫と親同士の関係をつくるコツ

# 敵にならずに離婚しよう

さて、共同養育を実践するためには、離婚後、元夫婦が親同士としての関係性ができた上で子育てをスタートできることが理想です。逆算すると、いかに争わずに離婚するかが鍵となります。すでに家庭内別居しているような夫婦の場合は話し合うことすらかなりハードルが高いことではありますが、最初の話し合いを円滑に進めるか否かでその後の行く末が変わってきます。

すでに関係が破綻していて夫も離婚に前向きならまだしも、離婚するつもりのなかった夫にしてみたら青天の霹靂なわけです。離婚の話し合いを円滑に進めるにはどのように進めていくのがよいのでしょうか。まずはどんなタイプの夫にも共通する、合意形成のポイントをお伝えします。

## 感情で相手を否定しない

「あなたのこんなところが嫌いなの。もう我慢できないから離婚してほしい」と、相手に対する否定や批判を相手に伝えると、相手は次に何を言い出すでしょう。ズバリ言い訳と反論です。「俺はこんなに家族のことを考えているじゃないか、お前だって・・・」と、お互いの不平不満を吐露してより関係が悪化し、目的達成から程遠くなってしまいます。

であれば、感情で相手を批判しないことが鉄則です。夫は自分に何の否があるのかわからないこともありますが、「どんな不満があるのか？」と問われたら伝えればよいことです。また、相手のせいにするのではなく「あなたはそんなつもりはなかったのかもしれないけれど、私が悲しい気持ちになった」という程度に留めましょう。こんな時こそ、相手を逆撫でしない言葉の選択に頭を働かせて冷静に。

## 相手にとってのｗｉｎを提案

あなたは相手の要望を飲む時にどんな条件だったら飲みますか。自分だけダメージがある状況で同意しますか。相手に何かしら譲るスタンスがあり、なおかつ自分にもメリットがあれば、まずは話し合う土俵に乗ってみようかなと思えますよね。

こちらの思い通りになるような要望だけでは通用しません。離婚することによる相手のｗｉｎを伝えることもひとつ。例えば「こんな冷え切っている夫婦をずっと続けることはあなたの人生にとってもマイナスだと思う」「離婚したとしても親子の関係は変わらないから」「争いたいとは思っていない」など、相手の不安要素を先に払拭する提案をすることで、「確かにこのまま結婚生活を続けているより離婚するのも一理あるな」と思ってもらうようにするのが第一歩です。

また、こちらが離婚に向けて準備万全な様子が垣間見れると、夫は自分の情報量の少なさを不利に感じ警戒することもあります。あくまで「まだ調べ始めているところだ」という姿勢で、夫の意見に耳を傾けるスタンスに徹するようにしましょう。

## 即結果を求めない

早く離婚したいと、「いつ返事をくれるの？」と急かしてしまいがち。こちらは以前からずっと考えていて、離婚を切り出すまで数ヶ月ないしは数年という準備期間がありましたが、一方で、夫は切り出されたその日がスタート。しばし考える時間は必要です。その間、同居しながら気まずい思いもしますが、ボールは夫に預けたわけですから、堂々としていればよいでしょう。ただ、いつまで経っても返事がない場合は、夫は棚上げしているか、ないしは切り出しにくいのかもしれないので、週に一度くらいのペースで「話をする？」と声をかけると夫も口火を切りやすいかもしれません。

まだしばらく同居が続く可能性もあるわけですから、決して険しい顔をせずに。また、話し合いの段階では決して子どもに気づかれないように重々気をつけましょう。

## 臨戦態勢を見せない

すでに弁護士へ法律相談などしているかもしれませんが、こちらに弁護士が見え隠れすると、夫も慌てて弁護士に依頼することも。直接話せている関係だったはずが、お互い弁護士をつけて裁判所で調停などすると、みるみる悪化してしまいます。可能なかぎり、お互いでの話し合い、ないしは専門家を仲介にするなどして、お互いの意向が直接聞ける環境で話し合いをすることが望ましいです。

# あなたの夫はどのタイプ？

離婚に向けた話し合いや共同養育へのスタンスは、夫のタイプによって三者三様。夫の思考と動向を知っておくと共同養育が円滑に進められるようになります。

ご相談者の男性と関わっていくうちに5種類のタイプに分類されることがわかりました。タイプによって傾向と対策が変わっていきます。まずは、あなたの夫がどのタイプかをみていきましょう。

## ①オレ様型

モラハラ気質と言われるタイプです。社会的に地位がある場合も多く、自分の思い通りに物事を進められる能力を持ち、常に自信に満ちあふれています。自分と違う意見に対しては高圧的にねじ伏せることも。特に自分より弁が立たない相手へは容赦なく支配してきます。

一方で、挑戦や成功を求め失敗が嫌い。誰よりも優っていたい思いが強くプライドが高いため、離婚問題など家族のトラブルは隠したがる世間体を気にするタイプ。

□自信に満ちあふれている
□自我が強い、自分本位
□自分が正しいと思っている
□負けず嫌い
□志が高い、上昇志向
□達成や成功を求める
□思い立ったら即行動、切り替えが早い
□まわりを無意識に振り回す
□声が大きい
□断言が多い

## ②理詰め型

何ごとも損得で物事を判断する傾向があり、判断基準は数値化されたエビデンス。常に感情的にならず淡々と理路整然と話し、時に冷酷なほど人や物事をバッサリ切ることも。人の心の行間を読むくらいなら言葉で端的に伝えてほしいと思っています。

常に沈着冷静なのでめったに動じることはありませんが、自分の持っている情報以外のハプニングがあると心中で穏やかではありません。生活リズムもルーチン化していて、決めたことを自分のペースでやりたいマイペースタイプです。

□合理的
□損得で物事を考える
□理路整然、理詰め
□興味がはっきりしている
□エビデンスをほしがる
□結論が早くほしい

□計画的
□興味がないことはスルー
□きれい好き、シンプリスト
□苦手分野は人の気持ち

## ③執着型

承認欲求が強く、自分が愛している分だけ愛されたい。そして、愛されていることを常に確かめていたいタイプです。そっけなくされるとすぐ不安になり、気を引くために不安定なそぶりを見せることも。

人の好き嫌いが多く、陰口が好きでネガティブな言葉のチョイスもしがちです。独占欲が強く、自分以外のものを優先されると不機嫌になる傾向も。俗にかまちょとも言われ、ストーカー気質も見え隠れします。

□好きな人には尽くす

□愛情を確かめたがる
□自分をわかってもらいたい
□自分だけ特別扱いしてほしい
□好き嫌いが激しい
□必要としてほしい
□どんな時も一緒にいたい
□メールの返事がないと不安
□結果より過程が大事
□話が長い

## ④オドオド型

自分の意見が言えず常に人に合わせます。家庭では、妻の意向を尊重し妻のサポート役に徹します。NOと言えずにまわりの意見に振り回されているので、相談相手としては頼りになりません。自分の意思に自信がなくハッキリしないので一緒にいると物足りずイライラすることも。モラハラ妻の餌食になりやすいタイプです。

子どもにも合わせることが上手なので子ども主導で遊ぶ時は楽しめますが、子どもから飽きられてしまうことも。

□自分の意見を言えない
□まわりに合わせる
□人の輪の中心が苦手
□サポート役が好き
□場の雰囲気を読む
□八方美人
□断れない
□悩みをためこむ
□トークがつまらない
□秘めた頑固

## ⑤低父性型

いつのまにか大人になり自覚のないまま父親になってしまい、少年のような心を持ち続けどこかつかみどころのないタイプです。子どもとは自分が好きな遊びは前向きに遊びますが、好きではない分野は子どもよりも先にすぐ飽きて自分のやりたいことに誘導する面も。

父親というよりは友達のような側面があるので子どもとは仲良し。家族以外に趣味などの楽しみをたくさん持ち、交友関係も幅広く、土日も家族団欒より自分の予定を優先し単独行動することが多いタイプです。

□育児よりも趣味
□趣味にお金を使う
□学生時代の友達が多い
□つかみどころがない
□そこそこイケメン

□大きい子どもがもうひとりいる感じ
□頼りにならない
□面倒臭いことは後回し
□未来へのビジョンがない
□転職が多い

さて、あなたの夫はどのタイプでしたか。複数のタイプに当てはまるハイブリッド型もいるかもしれませんね。この後、タイプ別に、離婚に向けた話し合いや離婚後の子育てへのスタンスの傾向と対策を見ていきましょう。

# オレ様型の傾向と対策

## 離婚を切り出された時の反応

離婚を切り出されたら、いくら自信に満ちあふれたオレ様型の夫でも、さすがに不安になり動揺するでしょう。その不安を分解していくと、一番大きい要素は「プライドによる世間体」です。誰よりも優っていたいオレ様型は、離婚となると家族をうまく仕切ることができなかったことが露呈されてしまうことを危惧します。

「仕事はできても夫としては失格だったのね」「ああいうタイプじゃ奥様も逃げるはずよね」など、他者からの自分の評価が下がることでプライドが傷つくため、なんとか家庭を維持したい＝修復したいという思いに。

また、家族という城を自分の手で築き上げた自負があるので、家族を守りたいというよりは自分の城を死守したいという防衛本能が働きます。

さらには、社会的地位の高い人も多いため、自分の財産を奪われるのではないか、謀反を起こした妻は何を目論んでいるのかと、妻のことを疑い敵視するようになります。

## 話し合いがうまく進まないと……

今までどんなことも自分の思い通りにできていたオレ様型は、この状況下でも、今までのスタンスで高圧的に自分の意見を貫き通せば、妻は言うことを聞くのではないかと思っている節があります。

ただ、思い通りにならなくなってきたり、想定外のことが起こると、自分は悪くないと他責の念にかられ、「こんなに家族のためにやってきてあげていたのに」と「してあげた」という上から目線の攻撃が始まります。

それでも、思い通りにいかなくなり、妻が弁護士をつけて調停を起こしてきたりしたならば、一気に闘争モードに火がつき本領発揮してきます。妻よりも実力のある弁護士をつけ、妻に負けるわけにはいかないと、全力で戦いに挑みます。何もしないで待つということが苦手なので、あらゆる手段を駆使し、スピード感を持って実践し、弁護士費用を出し惜しまず、勝つまで争いを続けます。

とはいえ、力づくではどうにもならないことを知ると、今度は「日本の法律が悪い」「弁護士が悪い」「司法がおかしい」と社会活動に精を注ぐようになります。必要な活動ではありますが、正対すべきは「妻」。たったひとりであるにもかかわらず、「妻」は正対する価値がないと目を背け、関心ごとは社会へ。活動の中でも、価値観の相違でもめたりすることも。

並行して係争は長期化。権利を勝ち取るまで争うスタンスなので、離婚できずに長引くことで妻も疲弊してしまいます。

## 共同養育へのスタンス

離婚しても、元妻を自分の言いなりにできると思い、結婚生活中のパワーバランスを持ち込もうとします。また、思い通りにならないと、あらゆる手段を使って権利行使をしようとすることも。

例えば、子どもの習い事の都合で面会交流の日程変更の依頼をすると、「日程を変えることはできないから習い事を休ませろ」と言い出したり、面会交流で必要な荷物の準備など細々したことはすべて元妻に準備をさせたり。

結果して、元夫の顔色を伺いながら面会交流を実施することになったり、再調整するのが面倒になるので、微熱程度だったら面会交流を実施してしまおうと思ったりすることも。結局のところ、離婚しても人は本質的に変わるわけではないのです。

## オレ様型への対策のコツ

オレ様型は、一旦争いモードになるとメキメキと本領発揮し、別居前よりも関わりたくない存在になっていく傾向があります。夫側の弁護士も手をつけられなくなり辞任するなんてことも。離婚後に子どもを共に育てることなど到底できない猛獣になってしまいます。

夫が怒りに満ちた猛獣に変貌してしまわないために、こちらは争うつもりはないこと、そして、離婚したいという思いを感情的にではなく建設的に伝えます。相手を否定することなく事実を提示し、復縁は難しいということは意思表示としてはっきり伝えておきます。その上で疑問に思うことをヒアリングするとプライドが保たれます。
怒りは不安から起きる感情です。猛獣の仮面の下では不安でいっぱいでしょうから、不安要素をひとつずつ解消することに努めましょう。

また、共同養育については、毎日一緒に暮らしていたことに比べれば、面会交流の時のやり取りだけで済むと割り切り、できるだけ頻度を少なくポイントを押さえたやりとりすれば、ストレスを軽減させながら共同養育ができます。
日程の変更はもめやすいので、子どもの体調管理につとめたり、極力リスケをせずに済むような余裕のある日程にしておくとよいでしょう。

そして、オレ様型にもメリットが。離婚直後はなんとか思い通りにしたいと躍起になっていますが、元妻が故意に面会交流させないわけではないということがわかり、いつでも会えると確信できるようになると、持ち前のエネルギッシュなパワーが外に向き、別の事に興味を持ち始めるので、面会交流のやりとりもグンと減っていきますからそれまでの辛抱です。

また、オレ様型は決断力もあり、いざという時に頼りになるという側面も。同じ屋根の下に住まずに、緊急時に頼りになり子どものこともきちんと責任を持って考えてくれる存在だと割り切り、上手に猛獣使いをしていくのがポイントです。

たまに、やりとりの中で高圧的な文面が送られてきたりすると、結婚生活中を思い出し、ビクっとしてしまいますが、もう他人ですから、「相変わらずだな」と呆れつつ「別れてよかった」と自分の決断は間違いではなかったと思うようにしましょう。

# 理詰め型の傾向と対策

## 離婚を切り出された時の反応

理詰め型の夫は、自分の持っている情報のなかで物事を捉え判断するため、想定外のできごとが起きると真っ先に情報収集に走ります。また、計画的に物事を進めたい傾向にあるため、妻が離婚をしたいと切り出した場合でも、最初に頭に浮かぶのは「将来の人生設計が崩れるということ。「マイホームを買ったばかりだが財産分与はどうなるのか」「弁護士に頼むと手続きはどのくらいの時間と費用がかかるのか」など、瞬時に数字で弾き出そうとします。

もはや「妻がどんな不満があったのか」という妻の気持ちなどは眼中にありません。

離婚を切り出されるくらいですから、夫婦仲がうまくいっていないことは夫も織り込み済みのため、「離婚なんて嫌だよ。愛しているから一緒にいて」といった感情的な発言は一切ないことが想定されます。

## 話し合いがうまく進まないと……

理詰め型の夫が不安になるのは、自分の方が情報量が少ないことです。離婚を考えている妻は事前に下調べをしているわけですから、夫よりも圧倒的に情報を持っていて有利に感じるため焦ります。

離婚を切り出された直後からネットでありとあらゆる事例を調べ、離婚によるリスクの洗い出し、養育費の相場感、もめたケースの判例などのインプットに時間を割き始めます。あらゆる文献も読み、自分なりの分析をした上で、ようやく離婚の話し合いの土俵にのることになります。それまでは、いくら話し合いをしようとしても口を閉ざすだけでしょう。

そして、理詰め型が苦手なのは「感情」です。人の気持ちは数値で測れないため、結局のところ妻が何に対して不満で離婚したいのかが理解できずにいます。

最初は理解しようと試みますが、感情モンスターと化した妻は理解するには値しないと損切りし、親子関係だけ最低限維持することへシフトしていきます。

正論ありきなので、感情で立ち向かってくる妻の気持ちを理解できないがゆえに、「妻は精神的に病気を患っている」と妻を病気にしたがります。自分の理解の範疇を超える相手は病気だと言い切ります。

また、離婚することでのメリットがない場合は、「離婚事由はない」と離婚に同意することはなく、裁判所でも正論を並び立てた書面を自ら作り、冷静に戦略を練って争ってきます。一方で、離婚のメリットを見い出すと、途端にやりとりも一切事務的になり、冷たさすら感じる場面もあるでしょう。

## 共同養育へのスタンス

子どもの養育に父親の存在は必要であることを理解しているので、きちんと子どもと関わっていこうとします。面会交流の回数や頻度をしっかり決め、取り決めどおりに行いたいタイプです。養育費もそれ以上でも以下でもなく、決められたとおりに払うケースが多いですね。

約束や時間をきちんと守りますし、部屋が散らかっていることもないので、面会交流を夫の自宅で過ごしても安心です。また、どこかへ出かける際も、事前に下調べや段取りも無駄がなくスムーズに動けるように準備をしています。教育面も熱心で勉強を教えるのも得意なので、遊ぶだけではなく、勉強も一緒にやってくれるメリットもあります。

## 理詰め型への対策のコツ

離婚の話を切り出す際には、自分の方が情報をたくさん持っているような優位性を見せないことがポイントです。「離婚したいと考えていて、これから手続きなどの勉強をしようと思っている」というスタンスで、こちらから情報をたくさん持ち込みすぎないことです。そして、どのように離婚を進めていくかも含め、相談して決めると良いでしょう。

また、離婚したい理由は、夫への不満を感情面で並べたてて話したところで伝わりません。「すでに私たちは冷え切っているし、別々に生きていった方がお互いにとってプラスなのでは?」と相手にとってもプラスになりうるように伝えましょう。

その後、急いで返事をもらおうとせず、夫が情報収集できるよう十分に時間を与え待ちましょう。理詰め型は呑気ではないので、情報収集ができたら自分から切り出してきます。または、何週間経っても一向に動かない場合はまだ情報の整理が追いついていないのでしょう。「どうやって決めていくのがいいと思う？」と聞き、できるだけ夫の意向に沿うようにしましょう。合理的な進め方を考えているはずです。

時に冷酷に仕事のように進めていくこともあるかもしれませんが、「そういうところが嫌だったのよ」という気持ちはぐっと飲み込み、ある程度やり方は任せても良いですね。

離婚後の子育ては、事務的に子育てのことだけをお互い協力する関係を構築しやすいタイプなので、淡々とやりとりができる可能性が高いです。

また、頼みたいことはストレートに頼みましょう。行間を読んでくれることを期待すると期待はずれの回答が来ますし、相手はまったく理解をしていないということが十分ありえます。例えば、子どもに関わる臨時で必要な出費があったとします。その際には、

「少しお願いしてもいいですか」といった言い方だと「なんで？」となりかねないので、「これこれでいくらかかり、養育費だとこれだけ足りないので、いくら負担してもらってもよいですか」と端的に伝えた方が、一言「了解」をもらいやすいです。

あまり夫の気持ちを慮りお伺いを立てたりすることなく、必要なことを必要な時に必要な言葉でストレートに伝えましょう。

# 執着型の傾向と対策

## 離婚を切り出された時の反応

執着型の夫は、5つのタイプのなかで一番離婚するのに苦戦します。孤独をおそれ、常に一緒にいたい、ひとりになりたくない、といった思いが強い執着型の夫は離婚を切り出された途端、妻や子どもがいなくなってしまう喪失感に苛まれ、「自分が被害者」という立場になります。

「こんなに愛しているのに、こんなに家族を大事にしているのに、なぜ？」と悲しみに打ちひしがれます。妻が離婚をしたい理由に関心を寄せ、自分に非があることがわかると、「もう二度とそんなことはしないから。お願いだから離婚だなんて言わないで」とすがりついてきます。

また、自分への愛情がなくなったことを不信に思い、誰か他に好きな人ができたのではないかと、妻の不貞を疑うことも。とにかく、絶対に離婚をしたり家族を失うことはなんとしてでも防ぎたいので、謝り倒してきます。

## 話し合いがうまく進まないと……

妻が離婚したい意志が固いと、こんなに愛しているのになぜ自分を愛してくれないのかと、被害者意識がますます強くなります。そして、「自分を見捨てることはない、自分のことを愛していてくれているに違いない」という思いで、離婚に同意することなどありません。

復縁カウンセリングへ通ったり、妻を連れて行こうとしたりします。自分の方に妻の気持ちを向けたくて、「つらくてもう死にたい」とメールをしてきたり、長文で今までの思い出をつづった手紙を送ってきたりします。妻を愛しているのであれば妻を解放してあげればいいというストーリーは通用しません。

別居をしても近くに住んだり、妻や子どもの生活圏を追い回したり、妻の職場で待ち伏せしたり。本人はまったく悪気はないのですが、ストーカーのような行為に増長していきます。子どもへの愛情というよりは妻への依存が強いため、関わりたい対象は妻になります。

離婚にすんなり応じることはほぼないので、別居が長期化するケースが多いです。

## 共同養育へのスタンス

別居しても離婚しても、心の底でまだ復縁を願ったり、家族みんなで過ごしたがる傾向にあります。子どもと夫だけではなく、会う時には、妻も一緒に過ごし一緒に食事をしたがることも。

離婚しても妻のことを名前で呼んだり長文のメールが来たり。また、「ひとりで寂しい」といったひとりごとを連絡してくることもあるでしょう。


子どもへも愛情をたっぷり注ぎ、甘やかす傾向がありますが、子どもにとっては、居心地よく甘えられる場所となるので父子関係は良好に築き続けられるでしょう。ただ、帰り際に寂しくなって子どもの前で泣いてしまうことも。妻へも子どもへも、「自分のことを見ていて」という主張を離婚後も変わらずしてきます。

一方で、さみしがり屋なので、時が経つとあらたなパートナーを見つけ、再婚するタイミングも早いのが執着型です。

## 執着型への対策のコツ

離婚をするとひとりぼっちになってしまう、もう金輪際会えなくなってしまうという不安を解消してあげることです。具体的には「離婚をしても親子関係は変わらないし、家族であることは変わらない」「いつでも子どもと会える」「父親として子どものためにずっと関わってほしい」といった言葉を伝え、決して不要物扱いしないことです。存在意義や存在価値を否定されると、より一層執着してきます。

メールのやりとりは、逐一反応するとエンドレスになりますが、無視をすると愛情が愛憎に変わり逆上してくる可能性もありますので、端的に返事だけして会話が継続しないようにするといいですね。

隙を見せると復縁できると思ってしまうので、離婚する意思と復縁はないという意思は伝え続け曖昧にしないこともポイントです。

執着型の夫が離婚を受け入れるのは人並み以上に辛いこと。受け入れてくれるのであれば、夫の要望をできるだけ飲むようにすると関係性がスムーズになります。子どもと過ごした後にひとりになる時間は喪失感でいっぱいでしょうから、子どもが父親に会った後に「ありがとう」など連絡をするだけでも夫の心は落ち着くでしょう。

離婚してまで元夫の気持ちのケアをするのは不本意ではありますが、離婚したいという意向を同意してもらった分、譲れるところを譲るといいですね。

# オドオド型の傾向と対策

## 離婚を切り出された時の反応

オドオド型の夫は、その場で反論することができません。離婚を切り出されたとしても、瞬時に言い返すこともなく萎縮して黙ってオドオドしています。その姿に妻がまたイライラするといったシーンが想定されます。

離婚の理由は夫側に大きな過失があるわけでもないのですが、「自分が悪かったのだろう」と自責の念に駆られ、ただただ妻の不満を受け止めます。ただ、離婚にすぐ応じるかというとそういうわけでもありません。

オドオド夫は、人に対して意見をすることはしないものの、心に秘めた確固たる意思が存在するため意外と頑固な一面も。離婚といった人生における大きな決断となると、今までのように言いなりになるわけではないのです。

普段、何も反論してこない夫だから、離婚もスムーズにいくと思ったら大間違い。首を縦に振らないと同時に口に出して意思をはっきり伝えてこない分、協議の進みも遅くなる可能性があります。

## 話し合いがうまく進まないと……

オドオド型の夫は、さまざまな立場の専門家に相談に行き、いろんな意見を収集します。そして、特に弁護士への忠誠心があるため、弁護士の意向や方針に逆らうことはできません。カウンセラーなどへも相談へ行くのですが、弁護士の意向と違うとまた迷い、離婚したくないという気持ちはあるものの、だんだん自分がどうしたいのかもわからなくなっていきます。アドバイスをもらったとしても「自分には難しい」という枕詞がつき、結局堂々めぐりで時間ばかりが過ぎていきます。

争うことを好まないため、話し合いは感情的な喧嘩になることはありませんが、未来への不安が多く、面会交流の取り決めなどは条件を事細かに記載することを求めたがります。最終的に自分の意思で決めることに自信がないので、常にだれかに相談しアドバイスを仰ぎながら行動します。

## 共同養育へのスタンス

争わずに離婚するケースが多いので、親同士の関係を再構築させるのは困難ではありません。むしろ、親同士と割り切れば、こちらの意見を尊重しながら子育てをできるのでストレスなく関われます。こちらの都合で「今日お願い！」と言っても、柔軟に対応してくれやすいですね。

また、貢献をしたい気持ちが多いので、父親としての役割をきちんと持つことを喜びと感じ、育児に積極的に関わってくれるのもよいところ。

男性として、夫としてはNGだったとしても、父親としての責任はきちんと果たします。イニシアチブを妻が持ちつつ、サポート役に徹してもらうとバランスが良く、元夫婦の程よい距離もきちんと保てる共同養育のよきパートナーになれるでしょう。

## オドオド型への対策のコツ

離婚に向けての話し合いのなかでも、妻に圧倒されて自分の意見を言えない場面が多く、漠然と「どう思っているの？　意見を言って」といっても本心が出てくるとはかぎりません。

オドオド型の夫との話し合いでは、妻主導が原則。選択肢をつくって「どれがいい？」と聞いてみると話し合いがスムーズにいきやすくなります。

自分から口火を切ることもなかなかないので、話し合いをする時の声がけは妻が担うといいですね。モゴモゴする夫にイライラしてしまうシーンもあり得ますが、夫が話しやすくなるよう穏やかな場づくりを心がけましょう。

# 低父性型の傾向と対策

## 離婚を切り出された時の反応

どんな時もケセラセラなタイプの低父性型は、流れで結婚し、気がついたら父親になっていたという感覚の人も多いため、離婚を切り出されても最初に思うことは、「えっマジで、さて、次どうしようかな」と結構ライト。「家族が壊れる」といったことへの恐怖感というよりは、今後の自分の人生について意識が向くタイプです。

もちろん、離婚したくないという気持ちはありますが、「妻が離婚したいというならしょうがないかな」「妻が全部段取りして決めてくれればいいよ」といった他力本願的なところも。自分の人生においても家族像についても軸が固まっているわけではないので、離婚を突きつけても、つかみどころのない対応でかわしてくる可能性があります。自分が主導で話し合いを進めることはなく、手続きなども面倒なので、つい話し合い自体を後回しにする傾向が。

## 話し合いがうまく進まないと……

話し合いの土俵に乗ると、比較的離婚に応じるのはスムーズです。それよりも、今後の自分の人生や、友達にどう伝えようといった外向きな気持ちで頭がいっぱいなため、離婚条件などであまりもめることなく、お互いの話し合いで済むことが多いです。

離婚にお金をかけるのも勿体無いと思い、弁護士を利用して争いに来ることもないでしょう。お金も時間も自分自身に使いたいので、養育費の取り決めも適当なまま離婚に応じるなんてことも。

## 共同養育へのスタンス

離婚すると夫の役割のみならず父親の役割が終わると悪気なく思っていることがあります。自分自身は婚活をしたり、あらたな彼女を作ったり、趣味に没頭したりと、独身生活を満喫し、子どものことよりも自分のことが優先になります。

養育費が未払いになったり、面会交流に対しても後ろ向きで自分のスケジュールが優先されがち。親子関係が疎遠になっていく危険があるのが低父性型の夫です。

## 低父性型への対策のコツ

離婚を切り出す前に、父性のモチベーションを上げさせて、父子関係を強固なものにしておくことです。いわゆるイクメンの育成です。子どもと接することの楽しさや父親として頼られることへの喜びを感じられるよう、離婚を切り出す前に父親としての育成に励みましょう。目標は妻が介入しなくても父子だけで宿泊ができるくらいの状態をつくっておくことです。

子どもが懐くことで、自分自身が父親であることの自覚を深めた上で離婚をすれば、「子どもに会いたい、子どもに父親として関わっていきたい」というモチベーションを持ち続けることができ、養育費も滞ることなく支払ってくれます。

放っておくと、離婚したら親子関係も終了し、あらたな人生へとパタパタと羽を広げていなくなってしまいます。そうならないように、離婚を決意したならば、子どものために父親であり続けてもらうイクメン育成に専念しましょう。

# 第6章
# 共同養育実践のコツ

## エア共同養育からでOK

これまで共同養育のメリットなどをお伝えしてきたわけですが、「頭ではわかるし、口で言うのは簡単だけど、一体嫌いな相手とどうやって共同養育をするの？」と疑問がフツフツと湧いてきている人もいますよね。「離婚した後も顔を合わせるなんて無理」「LINEでやりとりなんて絶対いや」と思われている方も多いかもしれません。

みなさん、安心してください。何も一緒に行動したり密にやり取りをすることが必須なわけではありません。ハードルをあげてできないと決めてしまう前に、ぜひ、共同養育のハードルを下げてできることからやってみればいいんだと肩の力を抜いて始めてみることをオススメします。なかには、直接やりとりせずに共同養育を実践することを「エア共同養育」と呼んでいるママも。エアから始めてみませんか。

それでは、この後、具体的にどのように共同養育を実践していけばよいのか、3つの級に分けてお伝えしていきます。

# ライト級共同養育

夫と顔も合わせるなんて言語道断、メールでのやり取りもすぐにもめてしまうのでできるかぎり関わりたくない！　と思っている人は「ライト級」にあてはまります。では、夫と関わらずにどうやって共同養育を実践するのでしょうか。

## 子どもが直接父親と連絡をとる

子どもが自分のスマートフォンや家の電話などを使える年齢で、子どもが直接父親にコンタクトを取り会う日時や場所を決めることができれば、親同士のやり取りはゼロで済みます。子どもに一任することに不安もありますが、「直接やりとりをすることがストレスだから会わせない」という選択をするくらいなら、子どもに任せることもひとつです。

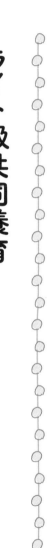

ここで気をつけることは、子どもを伝言係にして父子が会うこと以外の伝言を頼んでしまわないこと。特に養育費などお金にまつわることや夫への不満などを子どもを仲介にして伝えるのはやめましょう。

子どもに頼んで自分の負担を減らしてしまいたくなりますが、子どもにとっては大きな負担です。父親の反応を気にしながら伝言しなくてはなりませんし、伝言しそびれたら母親に怒られてしまうと思いますし、面会交流を楽しめなくなってしまいます。

また、会う日時や場所が決まったら子どもからきちんと聞いておけるとよいですね。父親とどこへ行くのか知っておけば、自分自身はそれ以外の場所へ子どもとお出かけするなど分担をはかることもできますし、面会交流の時間に自分の予定を立てることもできます。

ただ、笑顔で子どもが話しやすいように聞いてあげましょう。「その場所は困るわ。今度ママと一緒に行こうって言ったじゃない?」など、行き先にクレームをつけたりイヤそうな顔をしていたら、子どもは会うことを内緒にしたり嘘をつき始めるかもしれません。

## 第三者を仲介に入れる

子どもが直接父親へ連絡ができる年齢ではない場合は、親同士でやりとりをせざるを得なくなります。どうしても元夫とやりとりするともめてしまったり、元夫のことが怖くてメールが届くたびにビクビクしてしてしまったりすると、精神的にまいってしまい、面会交流をやめたくなってしまいます。

そんな時は、やりとりするのが嫌だからと放棄してしまうよりは、第三者を仲介に入れるのもひとつです。届いたメールの宛名が元夫で、なおかつ長文のメールが届いたりすると、どんな内容かもわからず読む気もなくしそのまま捨ててしまうなんてことも。第三者を連絡窓口にすれば直接元夫から連絡がくるストレスから幾分か解放されます。

友人や両親が引き受けてくれればお願いするのもよいですが、妻側の身内ゆえに元夫が逆上してしまうなどトラブルに巻き込んでしまいそうな場合は、面会交流の連絡調整など行う支援機関もありますので依頼してみるとよいですね。

また、子どもがひとりで面会交流の場所へ行けない年齢で連れて行かなくてはならない場合、元夫と直接顔を合わせることがしんどいという場合や、父親と子どもだけで会うと自分の悪口を言われてしまうのではないか、子どもを連れてどこかへ行ってしまうのではないかなどといった心配が拭えない場合は、面会交流に第三者が付き添う支援もありますので利用を検討してみてもよいかもしれません。

ただ、親子の交流に他人がずっと一緒に付き添っていることになりますし、両親の仲が悪いままだということが子どもにも伝わり子どもも両親の顔色を見ながら面会交流を続けることになります。いつまでも支援を利用するのではなく、いずれは当人同士でやりとりができるようになるまでの伴走と思って利用することを心がけるとよいでしょう。

## 子どもの写真や動画を共有する

面会交流以外の交流として、写真や動画など日々の子どもの様子を写真共有アプリなどを利用して共有することを始めてみるのもひとつです。アプリへアップするだけで直接やりとりする必要もありません。コメントなどのカキコミはしないという約束をするなどして、事務的に行えば、多少ストレスは緩和されるかもしれません。成績表や学校のお知らせなども写真で送るとスムーズです。

## 子どもへの対応

無理に自分から父親の話題を持ち出す必要はありませんが、子どもが父親の話をした際には、まずは演技からでもよいので笑顔で対応するところから始めましょう。

会話を続けるのがしんどい場合は、子どもが話した内容を反復してあげたり「そうだったんだね」「よかったね」と同調してあげるだけでもかまいません。嫌悪感が顔に出ないようにするところから始めていきましょう。

間接的にも関わることへ嫌悪感や拒絶感を覚えるかもしれませんが、時に第三者の助けも借りながらでも、「やれない理由」ではなく、「やれる方法」を見つけていけるといいですね。

第3章でお伝えした共同養育に大事な心得である「子どもが両親の顔色を見ずに素直に気持ちを発言でき自由に行き来できる環境を両親が整えること」にはまだ遠い状態ではありますが、いきなりこの境地になれない場合は、ひとつひとつ自分でできるところからやっていきましょう。

# ミドル級共同養育

ライト級は元夫と顔を合わせるのもやりとりをするのもNGなタイプでしたが、ミドル級は顔を合わせるのは嫌だけど、メールやLINEでやりとりすることはできるというパターンです。顔を合わせず円滑に共同養育を実践するコツをお伝えします。

## 文字制限付きショートメールの関係

メールやLINEを使ってやりとりはできるという場合、円滑にできる時もあれば、要らぬ一言が引き金になって一気に関係が悪化したり、ストレスが溜まるといったこともありえます。また、LINEだと既読になったのに連絡が来ないことにイライラしたり待てずに催促してしまったり、簡易的に送れるがゆえに感情に任せたまま送信してしまい関係が悪化することも。

同じように簡易的に送れる機能を使うのであれば、ショートメールの方がLINEで繋がらずに電話番号だけでやりとりでき、文字制限があって内容もシンプルにまとめることができるのでお勧めです。

そして、とにかく極力要点のみで短文にするのがポイント。長いメールを送ると長いメールが返ってきて読む気が失せますし、とはいえ、長いメールを送ったのに一言しか返事がないと怒りの気持ちがこみ上げてきたり。長文はどちらに転がってもよいことはないので、明るく爽やかな短文を心がけましょう。

## いかに「ありがとう」の関係になれるか

やりとりのなかで常に冒頭に「連絡ありがとう（ございます）」を定型文のように入れましょう。事務的なやりとりのなかでも殺伐とせず円滑なやりとりが進みやすくなります。「ありがとう」と言っている人に文句も言いづらいですしね。

逆に送る内容も相手から「ありがとう」を言われるような情報提供を心がけるのもポ

イントです。例えば、運動会のお知らせが学校から送られてきた場合、運動会の直前に情報提供するのではなく、学校からもらってきたその日にお知らせを写真で送ることで、元夫から「ありがとう」を得やすくなります。

遅く送ると、「なぜもっと早く送らないいんだ」と不満が残りありがとうの気持ちが激減するどころかクレームが来るかもしれません。同じ情報を早く送るか遅く送るかで感謝の度合いが変わってくるのであれば、同じ作業を早めにさっさと送って、元夫からの「ありがとう」をゲットしましょう。

また、日頃一緒に過ごしていないと子どもが何に関心を持っているのかわからず、面会交流の時の話題のとっかかりに悩む父親もいます。子どもが興味を持っていることなど近況の情報を伝えると、「ありがとう」と言われる関係になりやすくなります。

## 学校行事で顔を合わせないコツ

普段は、元夫と顔を合わせるのは、面会交流で子どもを引き渡す時だけで済んだとしても、学校や保育園などの行事では、同じ場に集うことにならざるを得ません。

子どもは両親に自分の晴れ姿を見てもらいたいものです。顔を合わせたくないから呼ばないという選択ではなく、いかに顔を合わせずに子どもを喜ばせるかに知恵を絞りましょう。

ポイントは、同じ時間に同じ場所でバッティングして凍りつくような事故が起きないために事前の段取りをすることです。まず、行事の情報は基本的にすべて元夫へ情報提供します。中途半端に隠すと学校に問い合わせをしたり、渡していない情報の中で元夫が勝手な行動に出ることも。すべての情報を開示した上で、「私は何時から何時にこのあたりにいる予定です」と事前に伝え先手を打っておくのです。情報提供は早ければ早いほどよいでしょう。

ここで大事なのは、敢えて「この時間には来ないでください」とは書かず元夫に判断を委ねることです。普通の感覚であれば、「だったらその時間を避けて行こう」となるでしょう。元夫に選択肢を与えることで不快な思いをせずにやりとりが円滑に進み、かつ顔を合わせずに子どもが喜ぶ状況を実現できるのです。

万が一、「だったら僕もその時間にその場所に合わせて行こう」と思うようなタイプの元夫でしたら、一回目は目をつぶり、次回から「違う時間や場所に来てください」としっかり一言添えるようにしましょう。

## 子どもの結婚式で顔を合わせることを目標に

連絡のやりとりさえできると、案外スムーズに顔を合わさずに共同養育が実践できるものなんですよね。そうこうしているうちに子どもも大きくなり、やりとりすることもなくなってどんどん関係は希薄に。

今後、顔を合わせることがあるのだろうかと想像するならば、きっと子どもの結婚式は顔を合わせることになるのではないでしょうか。子どもが席次に悩まないためにも、その頃には同じテーブルに座っても気まずくならない関係になるイメージを湧かせながら、今をストレスなく過ごせるとよいですね。

## 子どもが顔色を見ずに行き来できる

共同養育に大事なことは、子どもが親の顔色を見ずに自由に自分の気持ちを発言でき自由に会える環境を整えてあげること。高みを目指せば、両親揃って食事するなどきりがありませんが、顔を合わせることはできないけど、家で父親の話を自然にできる環境をつくってあげれば十分なのではないでしょうか。

「運動会にパパも見に来てくれるよ！」「パパがお誕生日に何がほしい？ って聞いてるよ」など、父親が子どもに愛情を注いでいることをメインに子どもに話しかけてあげるだけで十分です。

逆に自然に父親のことを話せるようになりすぎて、ついグチを言ってしまったりすることはくれぐれも気をつけましょう。冗談だとしても子どもは敏感に察知し複雑な気持ちを抱えます。あくまで父子関係が良好になるための会話にとどめるように心がけましょう。

# ヘビー級共同養育

顔を合わせることもやりとりすることも問題ないという元夫婦は、離婚したことでむしろ関係がよくなり、親同士として協力しあえるパートナーになれているケースが多いですね。この場合は、今までの結婚生活と違うのは住まいが別なだけで、子どものことに関しては何ら変わらずふたりで子育てしていくことができます。

理想形ともいえますが、ヘビー級ができなくては共同養育ではないということでは決してありません。海外のドラマを見ているような気分で、こういう家族もいるんだな、と肩の力を抜いて読んでみてください。または、「私が目指したいのはこれ！」という方はぜひ実践してみてくださいね。

## 父母子で週末は一緒に、長期休みや旅行も?!

子どもが父親と会う時に母親も同行し、結果して父母子で過ごすというケース。子どもが望むからという理由が多いですが、時に母親がひとりでいるのが寂しかったり心配でついてきたりするというケースもあります。

どこか外に出かけることもあれば、子どもが「パパに家に来てもらいたい」と望み、その願いを叶えてあげるために、離婚後も母子が住む家に父親が来るといったことも。夕飯まで一緒に食べて時に泊まって帰るといった週末を過ごしている家庭もあります。

また、ここまでの関係になれていると、長期休暇には一緒に旅行に行き同じ部屋に寝泊まりすることもハードルが高くはありません。費用は折半し経済面での甘えをもたないのも関係性を継続させるコツとなります。

相手の性格などは誰よりもよくわかっているのが元夫婦。離婚して、夫婦ではなくあらたに親同士としての関係になることによって、相手の扱いを熟知しつつお互いわがままや甘えのない他人として言動をわきまえた「子どもの親」として、よきパートナーになれるのですね。

一緒に過ごす時間が長いと、つい馴れ合いになってしまいがちですが、親しき仲にも礼儀あり。相手の言動を支配したり、否定し合う関係ではないことも、重々気をつけて接していくのが良い関係性を継続させるポイントです。

## 学校行事も一緒に参加

元夫婦で過ごすことに違和感のない関係なので、学校などの行事も当然のごとく一緒に行きます。入学式や卒業式はもちろん、運動会では一緒に観戦したりお弁当を食べたりすることも。

はたから見たらとても円満なふたりなため離婚していることを気づかれないこともあるでしょう。「実は離婚しているのよ」とママ友に伝えれば驚かれることもあるかもしれませんが、子どもは両親が一緒に並んで頑張っている姿を見てくれることは、何よりも嬉しいことでしょう。

学校や習い事などの情報共有も常にアップデートされているので、勉強や進路などの相談もスムーズです。母親は父親の意見を取り入れる姿勢を見せつつも、意見が割れるような時には、一緒に過ごす時間の長い母親側の意見を尊重する、または得意分野であったり熱量の多い方の意見を尊重するといった具合に、都度決めていけるといいですね。

## まるで旧友のような相談相手に

ヘビー級の元夫婦になると、親同士として育児の相談だけではなく、仕事の相談や雑談なども自然にできる関係であるのも特徴です。さらには、あらたなパートナーの相談をしたり、パートナーに対して子どもがどのように思っているのかを、こっそり元夫にヒアリングしてもらうようにお願いしたりするなど裏で協力を仰ぐといったことも。

元夫や元彼という存在を通り過ぎ、性別の異なる旧友のような存在になり、個人的な相談ができる頼りになる唯一無二の存在になりえるかもしれません。ただし、男女としての感情は皆無なため復縁はないというのも特徴です。

## 再婚後もパートナーも交えて交流!?

お互い、第二の人生を祝福しあえる関係であると、再婚相手との交流をも前向きに捉える人も。例えば、子どもの誕生日に、自分と再婚相手、そして、元夫とそのパートナー、元夫の義父母も招きみんなで祝福するというシーン、よく海外のドラマなどで見かけることありませんか。日本ではまだまだ定着してはいませんが、子どもを愛する大人はひとりでも多い方が子どもも幸せだという観点で、あたらしいカタチですね。

ここまでオープンマインドな関係にならずとも、あらたなパートナーと元夫が挨拶を交わせる関係になっていれば、もしも自分に何かあった時などに連携ができますし、万が一に備え、面通ししておけるのであればするに越したことはありません。

お互いが再婚をしたことを祝福し、子どもの前でも話題に出していれば、子どもがいらぬ気を使わなくても済みますので、風通しをよくしておくのは大事ですね。

## 子どもが復縁を迫ってくる

離婚してもここまで笑顔で一緒に過ごす時間が多いと、「パパとママ、また仲直りして一緒に住んでほしい」と復縁を願う子どももいるかもしれません。子どもにとっては、離婚した方が仲良く過ごせるという大人の事情は、なかなか理解しがたいものですよね。

もし、復縁を迫って来るようなことがあったら、期待をさせるとさらに傷つけてしまうので、その年齢でわかる言葉で、復縁や一緒に住むということはないことをきちんと説明してあげましょう。どの年代にも共通して言える言い回しとしては「パパとママは一緒のおうちに住んでいない方が協力できるの」と伝えていくことですね。

# 共同養育あるある「前向きになる妻×やる気がなくなる夫」

## ママが共同養育に前向きになるとパパは共同養育に無頓着に

お互いが子どものためを思って、共に育児分担していこう！　という同じ温度感であれば、共同養育はスムーズに進みやすいですが、そうもいかないのが元夫婦。そして、よくあるのが、「ママが共同養育に前向きになると、パパは共同養育に無頓着になる」。これ、ホントあるあるなんです。

子どもにいつでも会えると思うと、逆に会うことに積極的にならなくなり、予定が合わないと「また来月でいいです」なんてことも。あんなに会いたがってスケジュールも優先していたのに、今では元夫のスケジュールが大優先。仕事で断られるなんてこともあるんですよね。気が付いたら面会交流の日程調整がお願いベースになっていて、こんなことなら積極的に会わせないでもったいぶった方がよかったんじゃない?! なんて思いがよぎったりして。

逆にママ側は、会わせたくない気持ちの時はできるだけ関わらせないようにと思っていたわりに、会っている間に自由な時間を手に入れられることに旨味を感じるようになると、もっと面会交流してほしい、宿泊も何泊でもしてほしいという気持ちになっていきます。

妻側の会わせたいと思うようになった右上がりの気持ちと、夫側のどんなことよりも優先して会いたいという気持ちがクロスしている時期はお互いのニーズがマッチするのでトントン拍子に面会交流がスムーズに進むのですが、だんだんママ側が会わせたい気持ちの方が強くなっていくと、パパが貪欲になってこなくなり需要と供給のバランスが崩れていくのです。

　また、お互いパートナーができると如実です。パートナーとデートしたいからパパに任せたいと日程をできるだけ早く決めたがるママ、パートナーとデートしたいから面会交流の時間を短くしたり頻度を少なくししようとするパパ。あんなに子どもに会いたい会わせたくないと言っていたのはどこへやら？　といった状態な元夫婦もお見かけします。

## 子どもと時々会える＋自由な時間＝別居親最強

　これは、ある離れて暮らすパパから聞いた公式です。これはなるほど、別居生活を楽しんでいるパパの本質を突いていると感じました。別居初期の頃は、子どもと一緒に住んで育てたいという思いがあるパパも大勢います。

　ただ、一緒に住むことに期待が持てなくなると、ひとりの生活に慣れて充実させていかなくてはという気持ちになっていきます。だんだん趣味ややりたいことで充実していき彼女ができたりすると、子どもと一緒に住むことよりも、子どもとは時々会いながら自分の時間をエンジョイするという生活リズムの方が心地よくなっていくのですよね。

　この公式を聞くと、共同養育をもっと充実して自分の時間を確保したい母親は「羨ましい」となるわけです。

## 子どもがいたばさみに

親同士がこのような状態になった時は、「共同養育は誰のため？」という初心に一旦立ち戻りましょう。自分の都合で夫に預けたいという気持ちが元夫や子どもへ見え隠れしてしまっているかもしれません。

パパ側も、会いたい気持ちが強かった頃の初心に戻り、子どもとの予定を優先できるようにしていけるといいですね。子どもはあっという間に大きくなっていきますし、パパと一緒に過ごしたいと思う年齢は限られているかもしれません。

このような親同士の心境の変化で、悲しい思いをするのは子どもです。初めはパパが会いたい会いたいと言ってくれていたのに、だんだん会わなくなってきたとなったら、子どもは寂しい思いをしますよね。

また、ママの何気ない「なんでパパは会ってくれないんだろうね。ママは予定があったのに……」「あれ？　もうパパのところから帰ってきたの？」などといった言葉で子どもは深く傷つきます。自分は邪魔者なのではないかと思ってしまうかもしれません。

自分の時間を持ちたい気持ちは心の中にそっと秘め、ママは子どもが早く帰ってきた時には「待ってたわよ。」と歓迎モードで迎え入れること、そしてパパも「まだまだ一緒にいたい」と寂しがることも必要です。

「会えないと思うと会いたくなる」「いつでも会えると思うと会わなくてもよくなる」「自分の予定を優先してしまう」。そんなせめぎ合いのなか共同養育をしているのも、実はリアルな共同養育をとりまく親の本音なのですね。

## ワンポイントアドバイス（パパ向け番外編）

**Q　面会交流でやってもらえると嬉しいこと**

**A　元妻が苦手なことを請け負う**

子どもが好きなことをしてあげたり、ご自身が得意なことを教えてあげたりすることはもちろんですが、元妻がもっと父親と会わせたい！　と思える面会交流の内容はどんなことでしょう。これはズバリ「元妻が苦手なことを請け負うこと」。

奥様は何が苦手でしょう？　公園で遊ぶのは好きでしたか？　海やプールへ子どもを連れて行った時に日陰で日傘をさしていませんでしたか。一般的には女性は日焼けを嫌うため、外遊びや海水浴などへ子どもを連れていくのは腰が重くなりがちです。また、虫が苦手な人もいますので、夏に虫取りをしたりキャンプに連れて行ってあげるなど、母親が体力的にも苦手とされることを率先してやることで、「助かる」と思ってもらえればしめたもの。

遊ぶだけではなく宿題など勉強を見てくれて家で見てあげる時間が削減されると、「パパの家で宿題を終わらせて来なさい」という思いにもなり頻繁に会わせたいと思うでしょう。

また、例えば飛行機に乗って旅行をするなど、普段連れていけないような体験をさせてくれるとありがたいと思うようになりますね。

もちろん、子どもの意向ファーストですが、交流を増やすには妻が喜ぶ策を練るのもポイントです。

**Q　元妻とのやりとりのコツ**

**A　返事はシンプルに「3行ルール」**

離婚後のやりとりでもめやすいのは、つい感情や価値観を相手に押し付け「夫婦関係の延長戦」になっている場合です。

離婚したら子どもの親同士ではありますが近しい他人です。相手を否定せずにシンプルさ爽やかさを心がけましょう。

**（例）面会交流の日程調整のやりとり**

OKの場合

1行目：連絡ありがとうございます（感謝）

2行目：面会交流の件、了解です！（承諾）
3行目：何かできることがあれば言ってください（貢献）

NGの場合
1行目：連絡ありがとうございます（感謝）
2行目：都合がつかないので他の日でもいいですか（提案）
3行目：調整すみませんがよろしくお願いします（依頼）

不満に思うことがあったとしても、余計な感情や自分の状況などを書き足したりしないのがコツ。ちょっと足りないくらいが拍子抜けでちょうどいいです。

また、子どもと一緒に暮らしていると一日があっという間でメールのやり取りを第一優先にすることができません。なので、頻繁に連絡することも避けて、返事が来る前に追い打ちをかけて急かすのは極力控えましょう。

妻からのメールの回数や文章が多くなってくればしめたもの。妻から今度はお願いメールなどが自発的に届くようになりますよ。

## 共同養育を実践しているママの声

私は2年半前に離婚して、現在7歳の男の子と5歳の女の子を育てています。育児をしてこなかった父親なんていなくてもひとりで立派に子どもを育てられることを証明したいという意地があり、離婚後、子どもを会わせるつもりはありませんでした。

ただ、子どもたちが「ママはパパに頼らずひとりだけで僕たちを育ててくれたね」と感謝してくれるわけではないと気づく機会がありました。

それよりも「ママはパパと離婚してからも僕たちをパパに会わせてくれて悪口も言わなくて心が広い」と思われた方が、今の時代カッコいいのでは？　と感じ「路線変更」することにしたんです。

離婚直後の初めてのやりとりは1月。私から「あけましておめでとうございます」と切り出し丁重なメールを送ると、元夫からも何倍も丁寧な返事が届きました。今も時折自分の中で葛藤はありますが、お互い感情を出さずになんとかやりとりを継続しています。

面会交流中は美容院に行ったり友達と会ったり。今では自分の時間を確保したくて面会交流の回数を増やしてほしいくらいです。

育児分担ができているとは思えませんし期待もしていませんが、子どもが親の顔色を見ずに発言できる環境を整えることはできていると実感しています。（46歳女性）

---

私は当時4歳の一人娘を連れて別居し、1年をかけて協議離婚をしました。「もともとワンオペ育児だったから私がいれば大丈夫」との過信がありましたが、別居後の娘は父親にさかんに会いたがり、その存在は私の想像以上に大きかったことにそこで初めて気づかされました。

最初の面会交流では、帰りに泣き出す娘。「こんなに悲しませるなら会わせず忘れさせたほうがよいのでは」と面会交流について正解がわからず悩んでいたとき、共同養育に出会いました。離れて暮らす親子が自由に会ってもよいのだと知ると肩の力が抜け気持ちが軽くなったのです。

その後、毎週末の面会交流を継続するうちに、娘からも元夫からも「会えなくなってしまうのでは」との不安が消え、「親子の絆はこれからも揺るぎないもの」と信じられる空気が流れるようになりました。

離婚で子どもを傷つけてしまった罪悪感には親も苦しみます。

別居離婚をするほどの相手と関係を継続することは楽なことではありませんが、共同養育を実践することは子どものダメージを最小限にするための取り組みであり、長い目で見れば親にとっての救いにもなると気づいてからは、腹を括って取り組むことができています。

（40歳女性）

column

# 共同親権になれば共同養育できる？

ちょっと難しい話になりますが、ひとつ法律の話を。

日本は、離婚した後どちらかの親が親権を持つ「単独親権」という制度なのですが、現在「共同親権」の導入を検討する動きがあります。海外でもほとんどの先進国は共同親権なんですよね。離婚しても両親それぞれが親権を持ち続けることもできる制度です。


この共同親権のことでよく聞かれることがあります。「共同親権になれば共同養育できますか？」と。

もちろん、共同親権になることで「離婚しても親はふたり」が当たり前の社会になるため、共同養育をスタートさせる素地は整いやすくなります。そういった観点からは、共同親権が導入されることについては私は賛成です。

また、離婚の際にどちらを親権者にするかで争うことがなければ係争が長引かず関係がそれ以上に悪化することを防ぐこともできるでしょう。ひとつのものを奪い合おうとするから悪化するのであって、もとからふたつあれば分けあえるわけですから。
さらには、離婚後に養育する意識の薄い父親にとっては離婚後も親であることを自覚してもらうためにも共同親権は有効な手段です。

ただ、共同親権になったからといって共同養育できるかというと警鐘を鳴らしたいところです。共同養育を実践するために最も大切なことは、「子どもが両親の顔色を見ずに素直な気持ちを発言できき両親の元を自由に行き来できる環境を両親がととのえて養育すること」です。いくら法的に共同親権になり子どもを養育する権利がお互いにあったからと言って、親同士が関係が悪く殺伐とした中、共同養育をするのでは子どものためになりません。

また、実際、現在日本は単独親権ですが、共同養育を実践できている元夫婦もたくさんいます。つまりは、法で縛られなくても共同養育できる人はできる、できない人はできないわけなのです。では、共同養育できる人とできない人は何が違うのでしょうか。

それは、「自分がいかに相手にとって共同養育しやすい人になるか」なのです。法的に権利があるから共同養育をしろと主張する人と共同養育を円滑にできるでしょうか。「自分は悪くない、あなたが変わらないから共同養育できない」と相手を責める人と共同養育をしたいと思えるでしょうか。

## ハードとハート

共同親権は「ハード」いわばしくみです。対して、共同養育は「ハート」心の面です。共同親権にするには法改正など時間もかかりますし自分の意思だけでどうにかできるものではありません。

一方で共同養育を実践するのは自分次第。今日からでもすぐにできること。相手が頑なに嫌がるのだとしたら、共同養育をしてもいい相手になればいいのです。相手が何に不満だったのか、どうしたら前向きになるのか、しくみや正論だけではなく、相手と親同士の関係になっていくために自分と向き合うことで、「ハート」の方は「ハード」よりも先に実践することができるのです。

ハードとハート、どちらかだけではなく両輪となって、それぞれが推進していくことを願うばかりです。

離れてもずっと親子
ボクはパパとママの子だよ!
まんが：ごっちん　アイデア：りむすび
えっ？夕飯まだできてないのって。
誰のおかげで食えてるかわかってる？
頭痛ひどくて寝てたんだよ
…わかりました
…あのあと、妻は一人息子を連れて出ていった
それから一ケ月…もう許さん!
ポッツーン
なんでオレ様がこんな目に…
一人暮らしに逆戻り…
このまま独り？
息子とも離れたまま？
勝手な事をして…ふざけんな!
疲れました　さようなら　妻
どうすれば元通りになるんだよ〜っ
これはもはや戦争である
息子といつになったら会えるんだ？
面会交流
その頃、妻の実家では
早く別れて次の人を見つけなさいな
離婚したいけどさぁ
話し合うのが無理
もう関わりたくない!
私の事バカにしてさ!
会いたくない!子どもも会わせない
ず〜っとガマン
私の意見はムシ
これどう？
はっ？
絶対許せないあの一言
主婦はヒマだね
料理マズッ
こう言っちゃ何だけど…あんたのダンナは稼ぎの悪いうえに優しさもなくて…
でしょ？そーでしょ!？
…

離婚する！…とは言ったものの
パパはもういないの！
うっうん…
ひとりで育てるの不安だな…
あの…みーちゃんママ今のもとダンナ？
あ、どうも
そうですよ
絶対会わせないとか思うとツライの自分じゃないですか？
パパもママもどっちも好きーっ
離婚は大人の都合で子どもにとってパパはパパだし変わらないですしね！
一度会って話しませんか？
キターーッ！
敵が動いた
あ！みーちゃん
ホントだ
あれ？みーちゃんママたしかシングルのはず…
ちょくちょく（もと）ダンナに育児してもらってます
19時ここでまた会おうよ
オッケー！
私も息抜きできるし…
今日はこれからエステ！
そのあと映画♪
それじゃまた
クルッ
いいなー
ダンナとLINE…
次の日曜
パパ！
久しぶりーっ

ひしっ
あっ!息子はパパに会いたかったのか…
まだ子どもなのにこんなに大人の顔色を見てる…
…
私もオトナになるか!
息子は喜んでるし、これからも親同士よろしくお願いします
ボクはパパもママも大好きだよ
これからもず〜っとパパに会いたい
パパ!レストラン行こーよ!
こいつ…やつれたな
息子のキモチは私のキモチとは別なんだ…
よし!ここはオレが先に
今まで…色々ゴメン
元通りが無理でも、息子を育てるのに協力できないかな?
じゃ…
また連絡する
パパ!
……わかった
約束する!

# 面会交流を実施しているシングルマザー向け<br>アンケート調査結果

一般社団法人りむすび調べ

## 調査方法

実施期間：2020年3月27日～5月1日
実施方法：日本シングルマザー支援協会研究所の調査協力によるwebアンケート
対 象 者：日本全国の面会交流を実施している同居母親105名

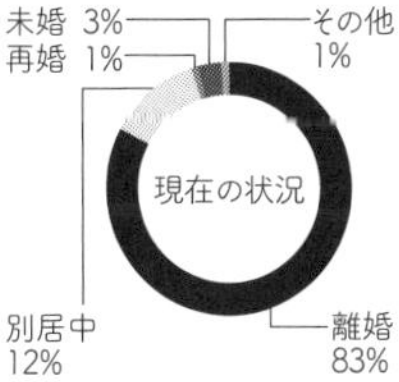
現在の状況
未婚 3%
再婚 1%
その他 1%
別居中 12%
離婚 83%

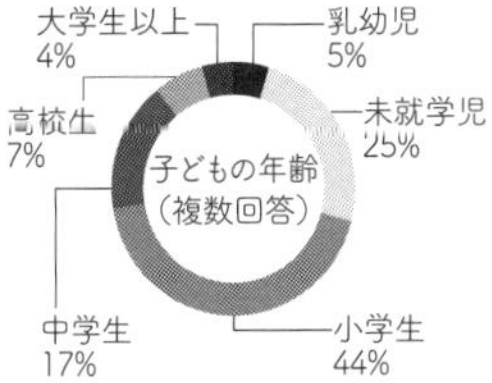
子どもの年齢（複数回答）
大学生以上 4%
乳幼児 5%
高校生 7%
未就学児 25%
中学生 17%
小学生 44%

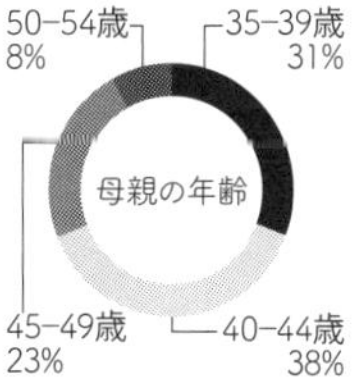
母親の年齢
50–54歳 8%
35–39歳 31%
45–49歳 23%
40–44歳 38%

## アンケート内容

● 元パートナーとのやりとりはどのようにしていますか。

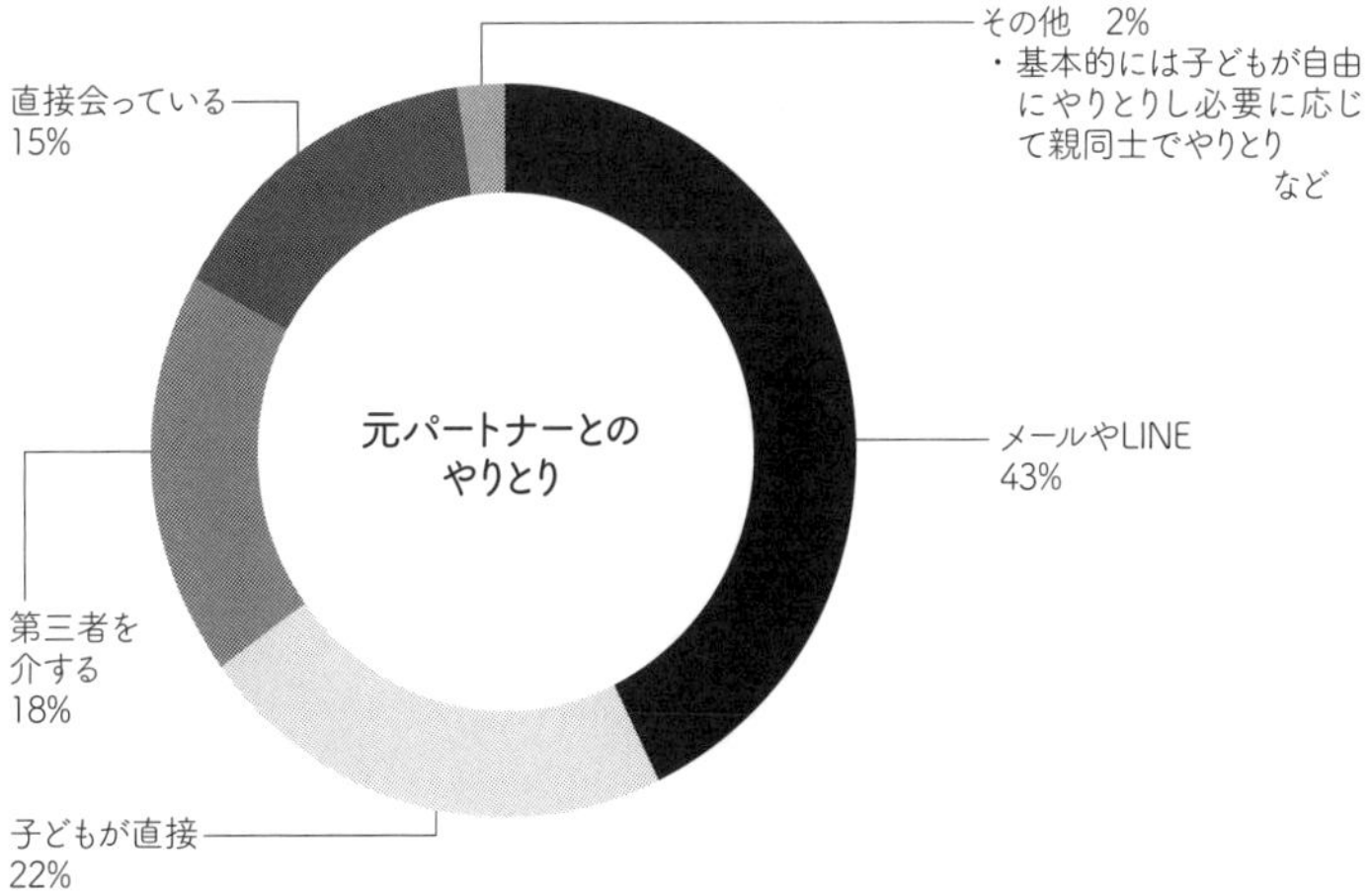
元パートナーとのやりとり
その他 2%
・基本的には子どもが自由にやりとりし必要に応じて親同士でやりとり など
直接会っている 15%
メールやLINE 43%
第三者を介する 18%
子どもが直接 22%

面会交流をどんな気持ちで実施していますか。

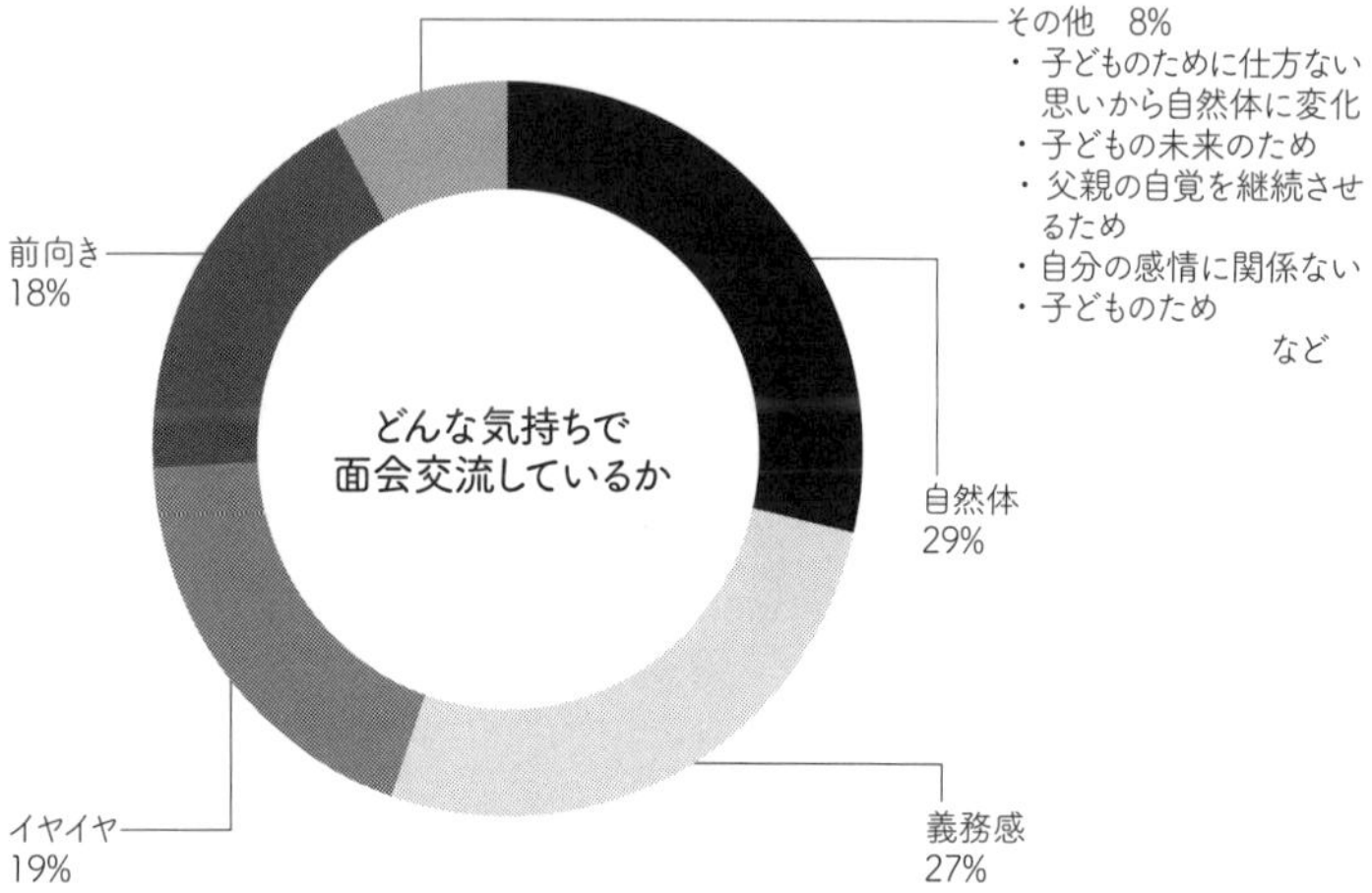
その他　8%
・子どものために仕方ない思いから自然体に変化
・子どもの未来のため
・父親の自覚を継続させるため
・自分の感情に関係ない
・子どものため
など
前向き
18%
どんな気持ちで
面会交流しているか
自然体
29%
イヤイヤ
19%
義務感
27%

面会交流のメリットは主にどんなことだと思いますか。

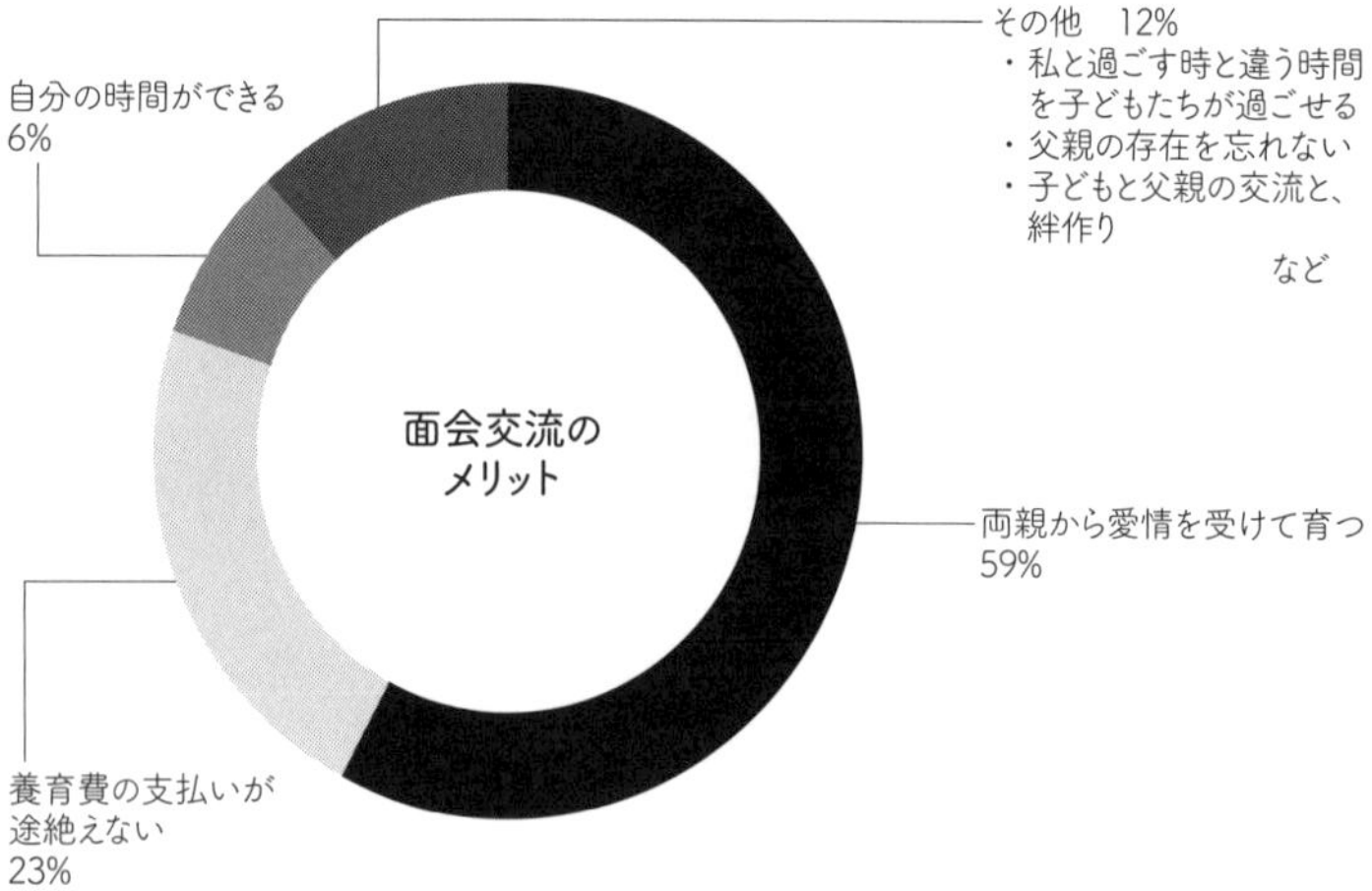
その他　12%
・私と過ごす時と違う時間を子どもたちが過ごせる
・父親の存在を忘れない
・子どもと父親の交流と、絆作り
など
自分の時間ができる
6%
面会交流の
メリット
両親から愛情を受けて育つ
59%
養育費の支払いが
途絶えない
23%

シングルマザー向け面会交流アンケート

## 面会交流の間、あなたは主にどんなことをして過ごしていますか。

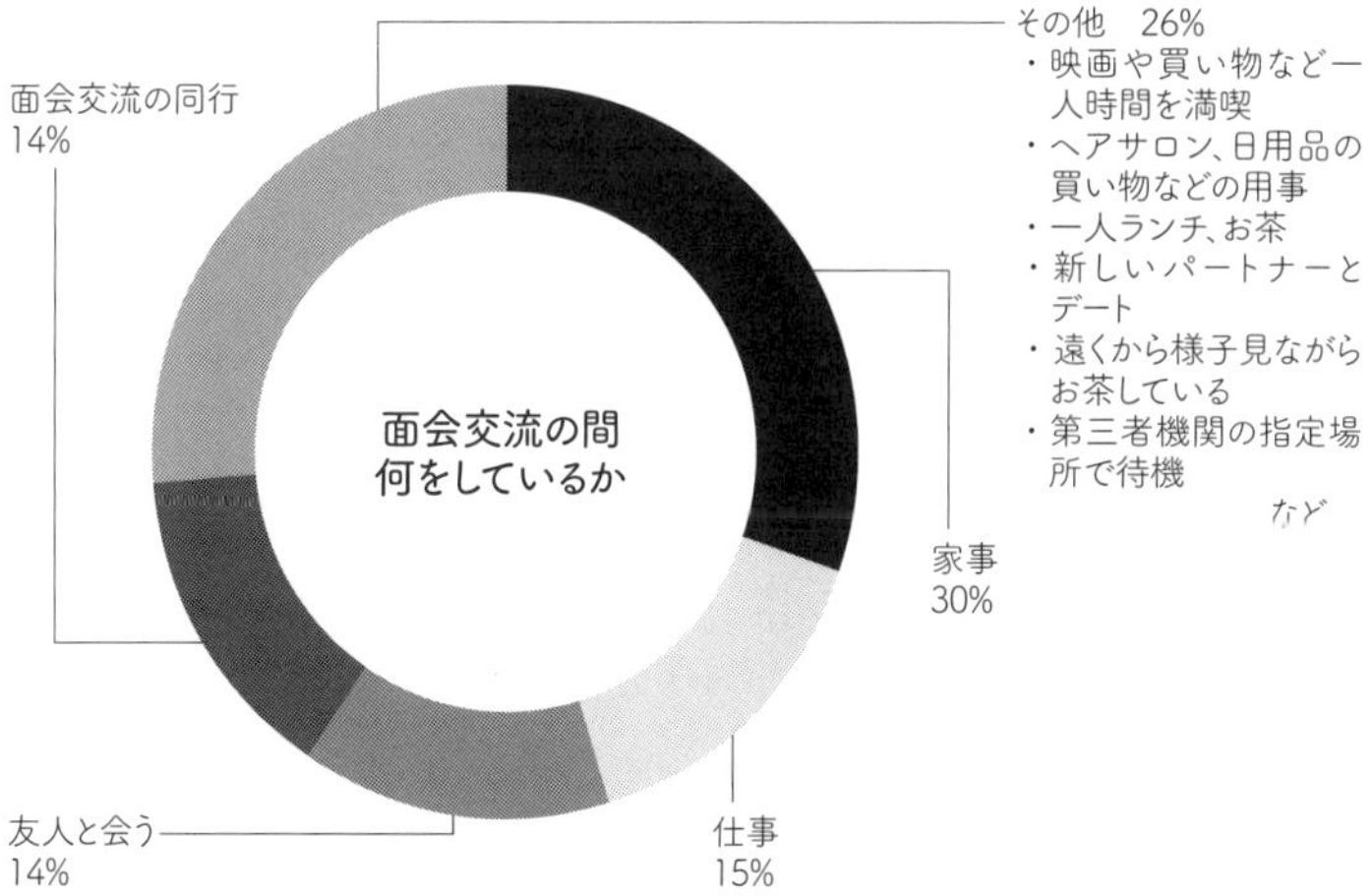
面会交流の間
何をしているか
その他　26%
・映画や買い物など一人時間を満喫
・ヘアサロン、日用品の買い物などの用事
・一人ランチ、お茶
・新しいパートナーとデート
・遠くから様子見ながらお茶している
・第三者機関の指定場所で待機
など
家事
30%
仕事
15%
友人と会う
14%
面会交流の同行
14%

## 面会交流において元パートナーへ主にどんな要望がありますか。

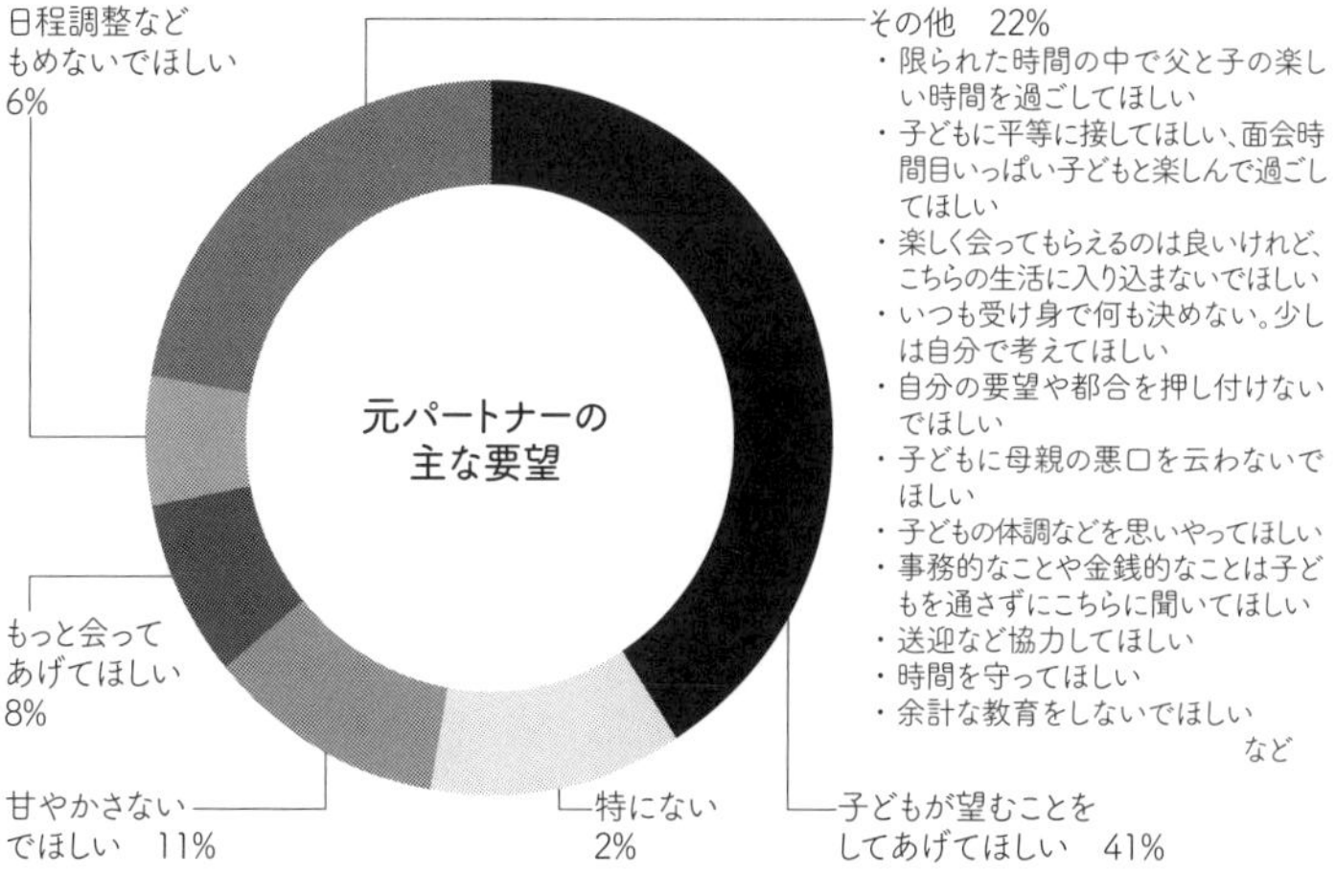
元パートナーの
主な要望
その他　22%
・限られた時間の中で父と子の楽しい時間を過ごしてほしい
・子どもに平等に接してほしい、面会時間目いっぱい子どもと楽しんで過ごしてほしい
・楽しく会ってもらえるのは良いけれど、こちらの生活に入り込まないでほしい
・いつも受け身で何も決めない。少しは自分で考えてほしい
・自分の要望や都合を押し付けないでほしい
・子どもに母親の悪口を云わないでほしい
・子どもの体調などを思いやってほしい
・事務的なことや金銭的なことは子どもを通さずにこちらに聞いてほしい
・送迎など協力してほしい
・時間を守ってほしい
・余計な教育をしないでほしい
など
子どもが望むことをしてあげてほしい　41%
特にない
2%
甘やかさないでほしい　11%
もっと会ってあげてほしい
8%
日程調整などもめないでほしい
6%

## おわりに

最後までお読みいただき、本当にありがとうございました。

共同養育という方法を知り、どのような感想を持たれましたか。共同養育への具体的なイメージを少しでも持っていただけましたでしょうか。

離婚をするにあたり、両親が子育てに関わることで子どもへのダメージも自分自身の育児の負担も減るだなんて、こんな方法があるならぜひ実践したい！　と気づきを得られた方もいらっしゃると思います。

共同養育は親同士の関係再構築が鍵。逆算すると、夫との離婚に向けた話し合いからすでに共同養育はスタートしています。今後、親同士として関わっていくために、相談相手先の選び方や、夫のタイプ別傾向と対策を読み返していただき、円満に離婚をするイメージを持つようにしてくださいね。

または、離婚しても関わらなくてはいけないのであれば、離婚するのやめようかなと思った方もいるかもしれません。子どもにとっては、親が離婚しないに越したことはありません。共同養育を知ることで、離婚を踏みとどまるご夫婦がいるのであれば、それほど喜ばしいことはありません。

今回この本を手に取ってくださったなかには、妻の気持ちを知りたくて、または妻に読ませたいという夫の立場の方もいるのではないかとお察しします。

妻側の気持ちを知ってどのような感想を持たれましたか。また、夫のタイプ別はご自身がどれに該当しましたか。耳の痛いことも数々書いてあったかと思いますが、共同養育は相手を知ることからスタートします。女性は、「正論」「理屈」では動かず、「感情」で心が動きます。このあたりもお含みおきいただきながら奥様とやりとりされると案外スムーズに雪解けするかもしれません。

さて、りむすびの活動について少し紹介させてください。りむすびは、共同養育実践に向けたご相談や面会交流サポートと普及活動を私ひとりで行うところからスタートしました。

ひとりでできることは限られ、私が体調を壊したら誰もサポートできる人がいない、ご相談を受けられる数も限られるといった懸念を解決するために、人を育てようと思うようになりました。ここで力になってくれたのが理事の望月啓代さんです。組織に必要なノウハウやマインドづくりの伴走をしてくれました。

そして、当初経営コンサルティングとして関わってくれた彼女は、りむすびの活動に共鳴し、自ら仲間として活動したいと名乗り出てくれたのです。

私は彼女から経営のノウハウを学び、彼女は私からりむすびのノウハウを学ぶというあらたな関係がスタートしました。

次に戦力になってくれたのが藤原映美さんです。彼女は元相談者でした。面会交流をすると子どもが寂しがるので会わせない方がいいのではないかと悩み、りむすびの門を叩きました。「寂しくならないくらいたくさん会わせてあげたらどう？」この一言に合点がいき、共同養育に前向きになっていった経験の持ち主です。

「いつかりむすびの仲間になってくれたらいいな」とぼんやり思い描いていた矢先に、運命のごとく1年ぶりに相談に来てくれて再会を果たしたのです。現在では、りむすびのエースとして活躍してくれています。

他にも、組織づくりのブレイン、共同養育の普及や面会交流支援のサポート役として、9名の共同養育アシスタントが仲間として活動を支えてくれています。

そして、もうひとつ大切な仲間を紹介します。それは「りむすびコミュニティ」の仲間たちです。これは、別居や離婚を経験しているパパママが集うオンラインサロンコミュニティで、現在、全国から百名近くの方が参加してくれています。

別居や離婚はとてもつらいものですし、共同養育を実践することは容易なことではありません。時に孤独や悲しみや怒りにおそわれる、そんな日々を過ごす人も多くいます。

こんな時、必要なものは、知識ではなく「安心安全な居場所」。

別居や離婚を経験した者同士、そして同じ立場だけではなく相手の立場の人も集う場所で相互理解を深めることで共同養育実践につながるのではないか、そんな思いでこのコミュニティを立ち上げました。会員の約束事はただひとつ「人の意見を否定しない」それだけ。

徐々に仲間が増えていき、今では会員同士のやりとりがメインで完全に自走しています。どこからともなくイベントの企画をしたいという声が湧き出て、会員のパパママキッズが交流しながら、クリスマスパーティをしたり宿泊キャンプをしたり。

当初、「共同養育の悩みを共有し合う居場所」をイメージしていたのですが、会員の得意分野を持ち寄り気分転換をしながら楽しむという活動が増えていきました。

そして、外に目を向け楽しむことで、理論武装気味だったパパや共同養育に後ろ向きだったママが、悲しみや怒りから解放されみんな笑顔になっていったのです。これは思いもしない化学反応でした。

さらに、驚いたことは、会員の元配偶者がイベントに参加するようになったこと。誰が想像していたでしょうか。なかには、離婚後初めて顔を合わせる機会がコミュニティのイベントだという元夫婦も。こんなことが実現できるのは、このコミュニティが唯一無二だろうと実感しています。これは、会員のみなさんの優しさが築き上げた賜物なのです。

このように、りむすびは多くの方の愛に支えられながら今があります。みなさんに心から感謝しています。

さて、今回初めての出版だったのですが、出版が決まると同時に2ヶ月で執筆をするという急ピッチでの展開でした。そして、この2ヶ月間はちょうどコロナウイルスが蔓延し、緊急事態宣言による外出自粛の期間と見事に重なりました。

高校1年生の息子とともに同じ屋根の下で、私は執筆、息子はオンライン授業という、普段では経験できない日々を2ヶ月間も過ごすことができたのは、今となれば神様からの贈り物の貴重な時間だったと感じています。

出版するにあたり、多くの方にお力添えいただきました。あらためて、いつもりむすびの活動を支えてくれている望月啓代さんと藤原映美さん、パパ側の目線でのコメントをくれたりむすびコミュニティの仲間に心から感謝します。

また、共同養育について関心を寄せてくださり、出版に向けてお声がけくださったマガジンランドの伊藤英俊社長、出版のアドバイスをくださった木暮太一さんにもお礼申し上げます。

そして、私に共同養育の大切さを気づかさせてくれた息子と元夫に深く感謝します。

夫婦のこじれの多くは気持ちのかけちがいから始まります。杓子定規に取り決めをしても葛藤が下がることはありません。

りむすびは、これからも元夫婦が親同士の関係を再構築できるよう心の架け橋を担いながら、共同養育を実践できるための心の伴走をしてまいります。

ひとりでも多くの離婚家庭の子どもが両親から多くの愛情をたくさん受けて育つことができるよう、そして、離婚をする親御さんの気持ちが少しでも楽になり、共同養育を実践できるように心から願っております。

令和2年（2020）6月

しばはし聡子

しばはし 聡子

一般社団法人りむすび代表

共同養育コンサルタント


1974年生まれ。慶應義塾大学法学部法律学科卒業

一児の母で子連れ離婚経験者。離婚当時、夫と関わりたくないがゆえに子どもと父親を会わせることに後ろ向きに。その間、子どもの気持ちが不安定になった後悔を機に、離婚後両親で子育てをする「共同養育」を普及するため、2017年一般社団法人りむすびを設立。

前職では電力業界にて広報や秘書を務める。

現在、共同養育実践に向け相談業務、面会交流支援、離婚協議サポート、普及に向けた講演活動および執筆活動を行う。また、別居や離婚を経験したパパママが集うオンラインサロン「りむすびコミュニティ」を運営。現在、全国から会員が集い共同養育に向けた相互理解をはかる。

【メディア実績】NHK、AbemaTV、かわさきFM、読売新聞、毎日新聞、各地方紙、AERA、東洋経済、週刊女性、日経DUAL、yahoo! ニュース等

公式サイト：http://www.rimusubi.com

LINE公式アカウント

# 離婚の新常識!　別れてもふたりで子育て

2021年6月25日　第1刷発行

著　　者　しばはし 聡子
発 行 人　伊藤 邦子
発 行 所　笑がお書房
〒168-0082東京都杉並区久我山3-27-7-101
TEL03-5941-3126

発　　売　株式会社メディアパル（共同出版者・流通責任者）
〒162-8710東京都新宿区東五軒町6-24
TEL03-5261-1171

デザイン　市川事務所
イラスト　うたの、kotone
ま ん が　後藤 雅代

印刷製本　中央精版印刷株式会社



©Satoko Shibahashi／egaoshobo 2021 Printed in Japan

●お問合せについて
本書の内容について電話でのお問合わせには応じられません。予めご了承ください。
ご質問などございましたら、往復はがきか切手を貼付した返信用封筒を同封のうえ、発行所までお送りください。

●本書記載の記事、写真、イラスト等の無断転載・使用は固くお断りいたします。
落丁・乱丁は発行所にてお取替えいたします。
定価はカバーに表示してあります。



ISBN 978-4-8021-3253-4　C0077

＊本書は『離婚の新常識 別れてもふたりで子育て』（マガジンランド2020年8月刊）を復刊したものです。